©2017, Bali Kiknadze
Herstellung und Verlag:
BoD - Books on Demand, Norderstedt.

ISBN: 978-3-7460-3052-4

Bibliographische Information der Deutschen
Nationalbibliothek: Die Deutsche Nationalbibliothek
verzeichnet diese Publikation in der Deutschen
Nationalbibliographie. Detaillierte bibliographische
Daten sind im Internet unter http://dnb.dnb.de abrufbar.

Für Papi.

Was du behältst, ist verloren.
Was du weitergibst, ist gewonnen.

(georgisches Sprichwort)

Vorgeplänkel

Wo liegt eigentlich Balistan?

Balistan liegt immer genau dort, wo mir etwas Schräges passiert ist.
Und das ist hoffentlich auch das Besondere an diesem Buch, nämlich dass alle Geschichten so stattgefunden haben.

Hauptsächlich geht es um meinen Papi. Er gehört zur ethnischen Gruppe der Georgier und seine Muttersprache ist demnach Georgisch. Da er in zweiter Ehe mit einer Türkin verheiratet ist und meine Familie dort wohnt, sprechen wir untereinander Türkisch. Papi spricht natürlich auch Deutsch, denn immerhin lebte er 16 Jahre in Hamburg. Sonst würde es mich auch gar nicht geben.
Papi kommt aus bescheidenen Verhältnissen, legt keinen großen Wert auf gesellschaftliche Etikette und ist ständig unterwegs. Er versucht nie, bewusst witzig zu sein, ist es aber vielleicht genau deswegen. Und weil er so herrlich authentisch ist, sind viele Geschichten einfach um ihn herum entstanden.

Natürlich geht es auch um andere Dinge in meinem Leben. Meine Katzen zum Beispiel. Und meine Reisen. Ich habe versucht, Geschichten, Gedichte und auch kleinere Dialoge bzw. Kurzgeschichten (von mir „Snippets" genannt) zu einem Buch zusammenzufügen und hoffe, dass der Erstling ein bisschen was taugt. Für Menschen, die mich kennen, birgt dieses Buch kaum Überraschungen. Oder vielleicht doch? Und dass Leute, die mit mir überhaupt nichts zu tun haben, dieses Buch lesen, ist wohl eher unwahrscheinlich.

Übrigens: Die Photos, alle von mir (oder meiner Familie) selbst geschossen, sind die Originalphotos, die die echten Personen und Tiere zeigen. Die Namen in den Geschichten habe ich jedoch verändert, aus rechtlichen Gründen.
Die Cartoons stammen von meinem sehr talentierten Klassenkameraden Tim Oliver Feicke, der sich liebenswerter Weise bereit erklärt hat, das Buch auf seine Art zu bereichern.
So, nun seid ihr dran: Ich mache die Tür auf zu meiner eigenen Welt und wünsche euch viele neue Eindrücke. Wenn ihr mir bitte folgen wollt ...

eure Bali.

Die wichtigsten Personen

Ich
Papi
mein Mann
Meine Stiefmutter
Mein jüngerer Bruder Issam
Mein noch jüngerer Bruder Levan

meine Stubentiger

Picasso: erstes Tier und Glückskatze aus Delmenhorst.
Nike: scheue Sportlerin aus dem Tierheim Hamburg-Süderstraße.
Nero: der klagende Fettsack aus Berlin.
Titus: das freche Muttersöhnchen aus Nordfriesland.

Danke!

An Papi, dafür, dass es ihn gibt. Ohne ihn gäbe es dieses Buch nicht.
An Tim, für die sofortige Zusage, hier mitzumachen und die fantastischen Cartoons.
An „Mütos", meinen Mann, für die hübschen Zeichnungen.
An Inken Kahlstorff, fürs Gegenlesen und Beraten.
An Heinz Erhardt und Max Frisch, die meinen Schreibstil mitgeprägt haben.

Und danke euch fürs Lesen!

Inhalt

Kaffeepause

Die Strecke Hamburg-Istanbul war lange Zeit unsere gewohnte Transitstrecke, wenn wir nicht geflogen sind. Mein Vater ist sie regelmäßig gefahren, so wie viele andere Gastarbeiter in den 70ern und 80ern auch.

1985 war ich das erste Mal mit. Ich hatte noch keinen Führerschein und Papi musste das alleine stemmen. Ich hatte vollstes Vertrauen zu ihm. Er hat diese Route schon so oft gemeistert.

Eine ereignislose, langweilige Fahrt nahm ihren Lauf. Zumindest bis zum damaligen Jugoslawien. Jeder, der diese Strecke kennt, erinnert sich sicher daran, wie lang einem das Stück zwischen Zagreb und Belgrad vorkommt. Auch uns ging es so. Es war einfach nur eintönig. Wir waren zudem fast völlig allein auf der Straße.

Plötzlich wurden wir von einem Polizeiwagen überholt, der uns zwang, rechts ran zufahren. Wir hatten ihn nicht kommen sehen, er muss regelrecht aus dem Nichts aufgetaucht sein.

Wir hielten. Ein einzelner Polizist stieg aus. Er studierte Papis Führerschein, sah uns an und sagte in gutem Deutsch: „Sie haben überholt, obwohl das verboten ist." Mein Vater antwortete gelassen: „Wir sind völlig alleine hier. Wen sollen wir überholt haben?" Der Polizist meinte, wenn wir nicht einsichtig wären, könnten wir den Fall gern bei Gericht vortragen. Bis dahin müssten wir aber mindestens zwei Tage in Haft.

Ich war entsetzt und fing an zu protestieren, doch mein Vater wies mich an, ruhig zu bleiben. Inzwischen interessierte sich der Polizist für unser Auto, genauer gesagt für das, was wir bei uns hatten. Mein Vater öffnete seelenruhig den Kofferraum und nahm zwei Pakete deutschen Bohnenkaffee heraus. Er ging damit zum Polizeiauto und legte den Kaffee unter den Beifahrersitz, lächelte den Polizisten an und sagte: „Hier. Kaffee für die ganze Familie." Dann zog er dem Polizisten ganz behutsam seinen Führerschein aus der Hand, machte mir heimlich das Zeichens des Einsteigens und wir fuhren weiter.

Ein Jahr später waren es übrigens Kartoffelchips.

Das Nuss-Monster

Heute ist es eher selten geworden, aber in den 80er Jahren passierte es häufig, dass in der Türkei zeitweilig der Strom ausfiel.

Istanbul 1985. Ich saß vorm Fernseher. Papi war noch bei der Arbeit, meine Stiefmutter war mit meinen Brüdern bei Verwandten und ich war selig, mal ein paar Stunden allein zu sein.
Nicht dass man viel machen konnte. Wir hatten nur einen Kanal zu jener Zeit, aber ich genoss die Ruhe und den gerade laufenden Action-Thriller. Der Film war wirklich packend, und ich hatte schon ein Sofakissen auf dem Schoß, hinter dem ich mich versteckte, wann immer es besonders gruselig wurde.

Plötzlich ging alles aus. Licht, Fernseher, einfach alles. Angespannt saß ich auf der Couch. Ich hatte mich ganz schön erschrocken und musste erst mal durchatmen.
Dann hörte ich es klopfen. Am Fenster. Eigentlich nix Schlimmes, aber ich sollte vielleicht erwähnen, dass wir im ersten Stock wohnten!

Zu Tode erschrocken fiel ich von der Couch –

das Sofakissen auf mich drauf, was mich gleich noch einmal erschreckte. Ich lag auf dem Boden, im Stockdunklen, und konnte nicht mal atmen. Da! Schon wieder dieses unheimliche Klopfen! Mein Gehirn arbeitete fieberhaft an einer plausiblen Erklärung, brachte aber keine zustande.

Dann eine ungeduldige Stimme von unten: „Nun mach endlich auf!" Das ist doch … Papi! Erleichtert tastete ich mich zur Wohnungstür vor und stolperte die Treppe runter, um unten die Haustür zu öffnen. Klar, der Strom hatte auch die Klingelanlage lahmgelegt.

Als Papi oben war, fragte ich ihn, wie er denn an die Scheibe geklopft hätte. Mein Vater, seines Zeichens Haselnusshändler, grinste und fischte ein paar Haselnüsse aus der Manteltasche. Ich fühlte mich wie der letzte Volltrottel.
Dann wollte er wissen, warum ich denn so lange gebraucht hätte. Ich log, dass der Fernseher so laut war, dass ich das Klopfen nicht gehört hätte.

Papis Blick ging zum Fernseher, der immer noch ohne Strom war. Er sah mich lange an, runzelte die Stirn und ging dann wortlos in die Küche.

Vier

1986. Meine Brüder können überhaupt kein Deutsch, da sie nicht wie ich in Deutschland aufgewachsen sind.

Issam, damals sieben Jahre alt, bat mich eines Morgens am Küchentisch die deutschen Zahlen von Eins bis Zehn aufzusagen. Ich tat das. Sehr langsam und deutlich.

Der vierjährige Levan saß daneben und löffelte sein Müsli.

Issam wollte die Zahlen dann einzeln durchgehen und ich sagte „Eins" und er wiederholte es. „Zwei." Er wiederholte. „Drei." „Drrrr … " „Drrrr … " „Drrrr … " Mit der Drei wurde er nicht wirklich warm und probierte sie wieder und wieder erfolglos.

Das wurde Levan zu blöde und er rief laut: „Vier!!"

Nassforsch

September 2014. Mein Vater hängt einen klammen Teppich aus dem Fenster, bei strömendem Regen: „So, der kann jetzt hier trocknen!"

Die große Verlockung

*Habt ihr schon mal von Weird Al Yankovic gehört? Wer ihn kennt, kann sofort in die Geschichte eintauchen. Wer allerdings nicht weiß, wer das ist, sollte ihn vielleicht vorher googeln. Nein, es ist nicht wichtig zu wissen, was er gemacht hat. Schaut ihn euch einfach an. Besser gesagt, schaut euch die **Frisur** an. Und, habt ihr? Dann können wir ja starten.*

Wir sind im September 1985. Ich bin 16 Jahre alt und lebe bei meinem Vater in Istanbul. Tja, wie gesagt, ich bin 16 und somit ein Teenager im besten Alter. Es ist ja so: Es gibt Teenager, denen man ihre Entwicklung kaum anmerkt. Die vielleicht ein bisschen ruhiger werden, nicht mehr alles ihren Eltern erzählen, aber ansonsten diese – sagen wir mal – heikle Zeit recht gut ohne weitere Blessuren überstehen.

Dann gibt es Teenager, die plötzlich bockig werden. Mit sich und der Welt hadern und denen man es einfach nicht recht machen kann.

Und dann gibt es *mich*. Ich war die nackte Hölle. Für absolut alle, die mit mir zu tun hatten. Auch und gerade meine Familie hatte wirklich alles außer Freude an mir. Meine Familie, das waren Papi, meine Stiefmutter und meine beiden Brüder, zu dem Zeitpunkt fünf und zwei Jahre alt. Während ich mit den Kleinen eigentlich überhaupt nichts anfangen konnte, hingen die beiden doch sehr an mir. Und wenn ich denke, wie ich damals unterwegs war, dann bewundere ich sie immer noch dafür. Das muss wahre Liebe sein. Heute kann ich diese Liebe zurück geben. Damals absolut unmöglich.

Es gab viele Tage, an denen meine Familie auf eine harte Probe gestellt wurde. Und von so einem Tag möchte ich berichten.

Die Hochzeit von Stiefmamis Neffen stand ins Haus. An so einem Tag machen sich besonders die Frauen aufwendig zurecht. Sprich, man trägt sehr edle Klamotten, schminkt sich und geht am gleichen Tag zum Friseur.

Ich muss zugeben, dass ich extrem ungern zum Friseur gehe. Als Kind wurde ich zu einer fürchterlichen Kurzhaarfrisur gezwungen, die ich heute noch hasse. Als ich älter wurde, ließ ich meine Haare wachsen, sei es auch nur, um das Trauma loszuwerden. Aber auch während des Wachsen-Lassens musste man ja mal zum Friseur, um nicht wie ein schottisches Hochlandrind auszusehen. Doch bei jedem Besuch schnitt der Friseur viel zu viel ab, und ich fing quasi wieder von vorne an.

Als ich in die Türkei übersiedelte, hatte ich mir immerhin schulterlange Haare erkämpft und war wild entschlossen, sie jetzt aber wirklich weiter wachsen zu lassen. Nun war ich allerdings lange nicht beim Friseur gewesen und schloss mich an diesem Tag den Frauen an, die – wegen der Hochzeitsfeier – alle zum Friseur rannten. Ich rannte also mit.

Der Friseur fragte mich, was ich denn gern hätte. Ich erklärte, dass es mir relativ egal sei, solange er nichts abschnitt. Er bot mir an, sie etwas zu locken, und ich ließ ihn machen. Hauptsache, er schnitt nix ab.

Als er fertig war, blickte ich in den Spiegel. Ich war vollkommen sprachlos. Wisst ihr noch, wie sehr man als 16-jähriger Teenager mit seinem Aussehen hadert? Ich sah in den Spiegel und sah im Prinzip eine perfekte Kopie von Weird Al Yankovic!

Wie betäubt stand ich auf und ging mit meiner Stiefmutter nach Hause. Dort angekommen, schaute ich abermals in den Spiegel. Immer noch Weird Al. In mir stieg Panik auf. So kann ich nicht auf die Feier. Auf keinen Fall! Der Schock wich einem erstklassigen Wutanfall, gepaart mit dicken Tränen. Meine Brüder, die mir sonst nie von der Seite wichen, hatten Angst und waren nicht mehr zu finden.

Ich schrie und tobte, dass diese Locken SOFORT verschwinden müssten und sprach allerlei Drohungen in unzählige Richtungen aus. Doch es half nichts. Wir mussten los, und die Hochzeit war für mich das reinste Spießrutenlaufen. Ich versteckte mich so gut ich konnte, sprach kaum und tanzte auch nicht mit den anderen. Ich fühlte mich schrecklich und wollte nur nach Hause.

Am nächsten Morgen sah ich zwangsläufig wieder in den Spiegel. Ich sah nicht mehr aus wie Weird Al, sondern ich sah aus wie Weird Al, der gerade aus dem Bett gestiegen war. Ich brach völlig zusammen, schrie und heulte. Meine Familie ging – wieder einmal – durch die Hölle mit mir.

Der Mensch, den ich am meisten auf der Welt liebe, ist mein Vater. Dieser Vater, der während meiner Pubertät Seite an Seite mit mir durch genau diese Hölle ging. Er kam plötzlich mit der rettenden Idee.
Vielleicht sollte ich vorweg noch etwas erklären: Bei Papi ist es so, dass er in jeder Lage jemanden kennt, der irgendwie weiterhelfen kann. Man bekommt das Gefühl, Papi kennt einfach jeden. Wie das geht, wissen wir alle nicht. Aber wann immer einer von uns in eine Schieflage gerät, überlegt Papi kurz und ruft dann jemanden an, der helfen kann. Von einzelnen Bauern bis hoch zum Parlament

ist alles dabei. Und wenn ich ihn frage, woher er die Person kennt, heißt es meistens: „Das ist der Onkel von dem Schwager von der Cousine des … ". Es kann gar nicht anders sein: Papi ist mit dem gesamten Vorderen Orient verwandt!

„Ich hab da diesen Bekannten … ", fing Papi an, und es ging um einen Mann, der Friseur war, aber nicht nur das. Er war sogar schon Europameister geworden! Und der soll jetzt sofort Zeit haben, um ohne Termin eine Dauerwelle zu entfernen? „Ich ruf ihn mal an", entgegnete Papi schulterzuckend und wir saßen ungelogen kurz darauf im Bus, auf dem Weg zu diesem Friseur, der sich als extrem nett herausstellte und mir erklärte, dass er zwar die Locken nicht komplett entfernen könne, aber ...

Und so wurde aus Weird Al Yankovic eine widerspenstige, aufsässige, jedoch nun vollkommen dankbare, vor Glück heulende 16-Jährige mit einer lieblichen, harmlosen Welle im Haar, die den besten Papi der Welt hat.

Auch in der Hölle weht mal ein kühles Lüftchen.

Unheimlich viel Nietzsche

Das Erste was ich tat, als ich aus der Türkei nach Deutschland zurückkehrte, um mein Abitur nachzuholen, war, einen Teil meiner Mitschüler mit dem Heavy-Metal-Virus zu infizieren.

So wurden wir also vier Leute, die ab sofort eine Randgruppe bildeten und diese – damals, Ende der 80er, für die Allgemeinheit – schreckliche Musik anbeteten.

Mein Musikgeschmack führte allerdings nicht zur Rebellion bezüglich meiner Leistungen. Ich war schon immer wissbegierig und hatte mir als Abitur-Prüfungsfächer Englisch, Bio und Chemie ausgeguckt. Nicht Deutsch und Kunst, nein, ich wollte das harte Programm. Ich war ja ein hartes Mädchen.

Allerdings fehlte mir noch das vierte und letzte Prüfungsfach. Ich konnte mich nicht entscheiden. Vielleicht doch lieber was Sanftes zum Ausgleichen, falls bei den anderen Fächern etwas schiefgeht? Und so geschah es, dass ich mich für Philosophie entschied.

Und dann kam der Tag, an dem ich das fast bereute.

Unsere Philo-Lehrerin wollte eine Hausarbeit von uns haben. Nicht irgendeine Hausaufgabe, sondern eine, für die es eine Note gab, die mit ins Endergebnis einfließen sollte. Das Thema konnten wir uns frei aussuchen.

Und da stand ich nun. Worüber sollte ich philosophieren, ganz ohne vorgegebenes Thema? Ich hatte von Philo überhaupt keinen Plan und war inzwischen wütend, dass ich mich nicht doch für Physik entschieden hatte. Das wäre eine klare Sache gewesen. Widerstand ist gleich Spannung geteilt durch Stromstärke. Das war immer so und würde immer so bleiben, solange ich diesen Planeten nicht verlasse.

Ich warf mich frustriert aufs Bett und lauschte den Klängen von Metallica. Grad lief der Song „Eye of the Beholder". Der Sänger, James Hetfield, fragte „Do you see what I see, truth is an offence … " und „Do you hear what I hear, doors are slamming shut … "

Du kannst Fragen stellen. Bist wohl auch ein Philosoph, Hetfield, dachte ich, stand auf und ging zum Fenster.

Plötzlich erstarrte ich.

Mir kam eine wahnsinnige Idee! Fieberhaft dachte ich nach: Wie viele Leute in meiner

Klasse inklusive Lehrerin hörten Heavy Metal? Nur meine drei Jungs und ich. Und wie viele Leute erkennen einen Text von Metallica? Keiner. Außer uns.

Ich schnappte mir das Plattencover. Alle Texte waren da drauf. Ich setzte mich sofort an meinen Schreibtisch und übersetzte das komplette Lied „Eye of the Beholder". Meine Hausarbeit hieß also „Auge des Betrachters" und dann kam das gesamte Lied.

Gut gelaunt widmete ich mich den Rest des Tages anderen Dingen, und am nächsten Tag sammelte die Lehrerin unsere Hausarbeiten ein.

In der Pause beichtete ich den Jungs, dass Metallica quasi meine Philo-Hausarbeit geschrieben hätten und erntete großen Respekt. Mir konnte nichts mehr passieren - dachte ich.

Zwei Tage später hatten wir wieder Philo und die Lehrerin gab die Hausarbeiten zurück. Meine war nicht dabei. Ich geriet leicht ins Schwitzen. Dann erklärte die Lehrerin, dass sie eine Arbeit vorgetragen haben möchte, vor der ganzen Klasse.

Natürlich war das meine.

Ich dachte, jetzt ist es aus. Ich ging nach vorne und nahm meine Hausarbeit entgegen. Die

Jungs saßen alle hinten rechts und hielten den Atem an. Ich zitterte leicht.

„Also das Lied ... äh, der Aufsatz heißt *Auge des Betrachters* ... " Ich trug alles vor, ich hatte ja nichts mehr zu verlieren. Die Klasse klatschte, dann war es totenstill. Meine Lehrerin kam ganz nah an mich heran und fragte: „Hast du das irgendwo abgeschrieben?" Die Jungs hinten grinsten breit, mein Puls raste und ich murmelte: „Wie kommen Sie denn darauf?" Da meinte meine Lehrerin gut gelaunt, der Text hätte so „unheimlich viel von Nietzsche", das sei eine bezaubernde Arbeit und ich bekäme eine Zwei plus.
Die Jungs fielen fast in Ohnmacht vor Lachen, ich lächelte verlegen, bedankte mich und fragte mich im Stillen, wie Nietzsche wohl zu Metallica stünde und setzte mich wieder auf meinen Platz.

Anfang der 90er kamen dann Grunge, Crossover und noch vielerlei Lärm dazu. Daraufhin wurde Heavy Metal fast salonfähig. Aber vielleicht lag das auch ein ganz kleines bisschen an Bali.

Reifenprüfung

Ich hab leider schon mit 16 angefangen zu rauchen und saß dafür in der Küche unserer Istanbuler Wohnung; dem einzigen Zimmer, in dem ich rauchen durfte. Gern hing ich dort meinen Gedanken nach, zündete mir eine Selbstgedrehte an und übte mich im Kringel-Blasen.

Meine Brüder waren von Anfang an fasziniert davon, wie ich mir die Zigaretten drehte. Ich hatte so ein kleines mechanisches Gerät, in das man den Tabak und den Filter tat, das Blättchen einspannte und das Ganze dann zu einer Zigarette aufrollte.
Oft wurde ich - auf dem Weg zur Küche - von beiden gefragt: „Schwester … machst du dir jetzt eine Zigarette?" Und dann saßen sie dabei und verfolgten mit großen Augen mein Gefriemel mit der Drehmaschine.

Und danach sagte Levan ganz oft: „So, und jetzt mach die Reifen!"

Sternstunde

Wer hat nicht schon einmal etwas von ihnen gehört: Die Seance-Abhalter, Kartenleger, Aus-der-Hand-Leser und In-Die-Kristallkugel-Gucker.

Zeit meines Lebens stand ich solchen Dingen sehr kritisch gegenüber. Es riecht zu sehr nach Geldmacherei und dem Ausnutzen menschlicher Gefühle oder sogar Notsituationen.

Gerade was die Seancen betrifft, bin ich sehr empfindlich. Jemandem, der um einen geliebten Menschen trauert, wird vorgegaukelt, dass er noch einmal mit ihm „sprechen" kann oder Fragen stellen darf. Ist das wirklich vertretbar?

Wann immer mir jemand meine Zukunft vorhersagen wollte oder auch meinte, mir sagen zu können, was mein verstorbenes Tier über mich denkt, schüttelte ich misstrauisch den Kopf. Nichts davon hat jemals gestimmt. Und man sollte auf keinen Fall sein Leben nach solchen Vorhersagen ausrichten.

Ähnliches gilt für die klassischen Horoskope, die wir alle in Zeitschriften lesen können. Auch darüber kann man nur schmunzeln: Nicht jeder Steinbock wird nächsten Mittwoch beruflichen Erfolg haben und nicht jede

Jungfrau am Wochenende Liebeskummer. Schönes Entertainment. Und damit hat es sich.

Was ich allerdings bis November 1991 nicht weiter auf dem Schirm hatte, war die Tatsache, dass Horoskope das eine sind, Astrologie aber das andere. Es kam der Tag, an dem ich vieles neu überdachte und anfing, mich mit einer Wissenschaft auseinanderzusetzen, die mir bislang nicht weiter geläufig war.

Ich war zu Besuch in Istanbul und machte eines schönen Tages mit meiner Stiefmutter einen ausgedehnten Einkaufsbummel in einer großen Passage, die erst kürzlich neu eröffnet hatte. Wir schlenderten von Geschäft zu Geschäft und dann entdeckte ich einen kleinen unauffälligen Stand in der Nähe der Rolltreppe und kam näher.

„Möchten Sie eine astrologische Analyse?" wurde ich von einer jungen Frau gefragt. Ich bräuchte nur mein Geburtsdatum (mit genauer Uhrzeit) und meinen Geburtsort angeben. Keinen Namen, kein Nichts. Ich grinste und dachte: Warum eigentlich nicht? Der dafür geforderte Betrag war sehr gering und die Analyse sollte nur ein paar Minuten dauern, also willigte ich ein.

Und so stellte ich mich etwas abseits, rauchte eine Zigarette und wartete auf das Ergebnis. Ich bekam insgesamt sieben DIN A4 Blätter in die Hand gedrückt und dann setzten wir unseren Bummel fort. Zuhause angekommen, vergaß ich die ganze Sache erst mal, doch gegen Abend holte ich dann die Papiere aus meiner Tasche, setzte mich in die Küche und begann in Ruhe zu lesen.

Ich war irgendwas zwischen völlig baff und total geschockt. Nahezu jeder Satz stimmte! Gesundheit, Charakter, Psyche. Alles korrekt. Das ist doch völlig unmöglich!

Andererseits stellte ich folgende Überlegung an: Wenn unser winzig kleiner Mond, der ja sonst nix kann, (außer manchmal voll und hell sein) es schafft, Tonnen über Tonnen von Meerwasser sechs Stunden in eine Richtung und dann sechs Stunden in die andere Richtung zu bewegen, dann können andere Planeten vielleicht ja auch was! Und dass der Mond unsere Gezeiten steuert, nun, ich bin regelmäßig an der Nordsee … das weiß ich ganz sicher!

Trotzdem wollte ich wissen, wie das alles funktioniert, und daher begann ich, mich mit Astrologie näher zu befassen. Von

Planetenstellungen und Häusern war die Rede und das Ganze war reine Mathematik. Damit konnte ich was anfangen. Formeln haben nichts spirituelles, also tauchte ich noch tiefer in die Materie ein.

Dann wollte ich den endgültigen Beweis: Die Gegenprobe! Ich bat Menschen, die ich kaum kannte, mir Geburtsdatum und Geburtsort zu nennen, um dann eine Analyse zu erstellen. Nicht so komplex wie damals in Istanbul – ich bin ja kein Computer – aber immerhin: Ich analysierte anatomische und psychische Gegebenheiten und wagte Behauptungen, die Talente und Schwächen betrafen.

Meine Trefferquote lag bei über 80%. Aber hey: Ich war in Mathe auch nie der hellste Stern am Abendhimmel!

Kiezgerangel

Ich muss dieser Geschichte vorweg schicken, dass ich überhaupt nicht gewalttätig bin. Verbal drücke ich ganz gern mal auf die Tube, und wer mich schon mal wütend erlebt hat, kann sich denken, dass ich den selbstgewählten Titel „Häuptling Scharfe Zunge" mit Recht und Würde trage.
Gewalt, jedoch, mag ich gar nicht. Ich tue mich sogar schwer damit, im Sommer die Wespen zu erlegen, obwohl ich Allergiker bin. Und trotz allem kann ich die folgenden Ereignisse nicht ungeschehen machen.

Sommer 1992. Ich bin mit meiner Clique oft auf dem Kiez unterwegs. Eigentlich fast jedes Wochenende. Wir pendeln zwischen der Kneipe „Lehmitz" und dem „Molly" (das Molotow, ein Tanzschuppen, gegenüber vom Lehmitz, auf der anderen Seite der Reeperbahn), als eines Abends – wir sind gerade auf dem Weg ins Lehmitz – uns ein paar Touristen anhalten. „Wo ist denn das Lehmatz?" „LehMITZ!" antworten wir verächtlich und deuten auf jene Kneipe etwas weiter oben links.

Doch als wir weitergehen wollen, bemerke ich einen Streit zwischen mehreren Männern nicht weit entfernt von uns. Sie schimpfen sich auf Türkisch an, und es kommt zu den ersten

Handgreiflichkeiten. Deeskalation in Landessprache ist hier gefragt.

Ohne weiter nachzudenken, stehe ich auf einmal mitten zwischen den Männern und rede beruhigend (und auf Türkisch) auf sie ein. Plötzlich werde ich aus dem Getümmel gezogen. Meine Freunde! „Hast du nicht gesehen, dass einer von denen ein Messer in der Hand hatte?"

Eine halbe Stunde später sitzen wir im Lehmitz. Vor mir steht ein Kurzer und ich zittere leicht. Nein, das Messer hatte ich nicht gesehen. Der Kurze verschwindet in meinem Bauch.

Normalerweise trinke ich gar keinen Alkohol. Und unter uns Osteuropäern ist Wodka ja bekanntlich kein Alkohol, sondern ein Grundnahrungsmittel. Nein, Scherz beiseite, ich mache mir wirklich nichts aus dem ganzen Fusel. Das hat mir schon Schimpf und Schande während meines Studiums in Irland eingebracht. Dort ist es üblich, dass man an Wochenenden in die Pubs geht und halt trinkt. Und eher keinen Apfelsaft. Ich hingegen, zog es fast immer vor, zu Hause zu lernen (ich liebte mein Studium, was sollte ich machen?) oder, wenn ich doch mal mit war, etwas

Alkoholfreies zu trinken. Unnötig zu erwähnen, dass ich in Irland kaum Freunde hatte. Dafür aber eine Auszeichnung als Jahrgangsbeste. Ich bin wirklich so ein Langweiler!

Der Abend im Lehmitz geht unspektakulär zu Ende. Wir sind alle Hamburger. Wir kennen unseren Kiez. Hier ist halt immer mal was los. Zu dem Zeitpunkt ahne ich noch nicht, dass ich zwei Wochen später, an genau diesem Ort, auf eine harte Probe gestellt werden würde.

Zwei Wochen später. Ich sitze im Lehmitz. Der Rest meiner Clique ist schon im Molly. Ich wollte nachkommen, denn ich unterhalte mich grade sehr gut mit einem Amerikaner, der für eine Weile in Hamburg wohnt. Es herrscht eine gemütliche Stimmung, und ich bin bester Laune, bis ich merke, dass hinter dem Amerikaner ein schwarzhaariges Mädchen sitzt und mich wütend anfunkelt. Hui, die ist irgendwie eifersüchtig, denke ich, und auch schon ziemlich betrunken. Erst viel später erfahre ich, dass bei ihr neben Alkohol auch noch Kokain im Spiel ist.

KLIRR! Plötzlich steht sie vor mir. In der linken Hand eine Bierflasche, der sie gerade den Hals an der Tresenkante abgeschlagen hat.

„Hau ab, du Schlampe, oder ich mach dich kalt!", kreischt sie mir entgegen.

Hier besteht eine akute Gesundheits-gefährdung für mich. Mein Gehirn sieht das auch so und meldet prompt, dass mein Adrenalindepot bis zur Oberkante voll ist und ich davon gern und jederzeit Gebrauch machen darf.

In einer fließenden Bewegung nehme ich den Barhocker, auf dem ich eben noch saß und schlage ihr den frontal ins Gesicht. Zumindest war das mein vorläufiger Plan, doch der Hocker trifft sie nur schräg von der Seite, denn gleichzeitig greifen mich mehrere Hände und schleifen mich nach draußen. Das Mädchen (nebst Flasche) fällt trotzdem zu Boden. Der Hocker obendrauf.

„Wer hat denn angefangen?", brülle ich wütend draußen vor dem Lehmitz, in bester Rambo-Logik. Es hilft mir nichts. Wir bekommen beide Hausverbot, das mein Lieblings-Barkeeper jedoch eine Woche später in meinem Fall wieder aufhebt. Man kennt und mag mich einfach schon zu lange.
Das Mädchen sehe ich erst viele Wochen später wieder, und zwar auf einem Punk-Konzert in der Fabrik. Als sie mich erkennt,

taucht sie in der Menge unter.

Der Amerikaner ist mir noch oft begegnet, jedoch das Mädchen seitdem für immer verschwunden.

Ausgeschlafen

2013. Papi ist bei uns zu Besuch. Wir sitzen abends mit ihm in der Küche. Papi möchte ins Bett. Mein Mann hat plötzlich eine grammatikalische Frage zur türkischen Sprache. Papi: „Morgen. Ich bin jetzt zu müde." Wir sagen ihm gute Nacht und er steht auf, um in sein Zimmer zu gehen. Dann dreht er sich aber noch einmal um und sagt: „Na gut. Was für eine Frage?"
Mein Mann fragt also. Papi und ich diskutieren eine Viertelstunde darüber. Dann haben wir es geklärt und alle sind zufrieden.

Ich: „Gute Nacht, Papi."
Papi: „Gehst du ins Bett?"
Ich: „Nein. DU gehst doch ins Bett!"
Papi: „Ich bin jetzt nicht mehr müde!"

Musik liegt in der Luft!

Mitte der 90er befand ich mich in Dublin, um zunächst dort zu arbeiten und später auch Marketing zu studieren. Meine erste Wohnung, die von einer Bekannten ausgesucht wurde, während ich noch in Deutschland war, entsprach so gar nicht meinen Vorstellungen, beziehungsweise merkte ich, als ich sie das erste Mal betrat, wie verwöhnt ich eigentlich war.

Es handelte sich um einen einzigen großen Raum im Erdgeschoss, in den eine winzige (und ziemlich heruntergekommene) Küchenzeile integriert war. Mein Waschraum hingegen war am Ende eines sehr kalten Flurs, unmittelbar neben dem Zimmer zweier junger Männer, die auch in diesem Haus wohnten. Dann gab es noch ein junges Mädchen, die zwei Zimmer hatte: Eines unten und ein Schlafzimmer mit Waschraum im Obergeschoss. Oben waren zusätzlich noch zwei sehr lebhafte Studenten aus Donegal untergebracht, die quasi direkt über meinem Zimmer wohnten, was ich sehr schnell bemerkte.

Jene Studenten, Kiaran und Eoghan, lebten das klassische Studentenleben. Sie schliefen bis in den Nachmittag, polterten durchs Haus und hatten obendrein noch eine Vorliebe für Techno-Musik. Das war in den 90ern *der* Trend, an dem kaum einer vorbei kam.

Die Jungs konnten sich anscheinend nicht vorstellen, wie hellhörig unser Haus war! Abend für Abend rissen sie die Anlage auf und ich musste beim Essen kochen oder lesen – ob ich wollte oder nicht – den Klängen von *2 Unlimited* lauschen. Ich bat die beiden mehrfach um eine ohrenschonende Lautstärke, jedoch ohne Erfolg.

Nachdem ich also das gefühlt hundertste Mal „No, no, there's no limit" gehört hatte, war bei mir das Limit erreicht. Jetzt ist Feierabend! Ich suchte die stärkste Waffe heraus, die ich besaß: Ministry. Glücklicherweise hatte ich die meisten meiner Lieblingskassetten dabei, und ich war fest entschlossen, dem Techno mit einem anständigen Industrial Metal den Garaus zu machen!

Der Song, der für die flächendeckende Vernichtung sorgen sollte, war „Only Jesus built my Hotrod". Ein Song, der an Beats per minute sehr schwer zu überbieten ist und so schob ich meine Rache in den Recorder und drehte auf volle Lautstärke.

Das wertvolle Werk ist knapp fünf Minuten lang, und ich genoss jede Sekunde davon. Danach schaltete ich das Gerät ab. Totenstille im Haus. Nichts und niemand rührte sich. Die Bombe war im Ziel eingeschlagen.

Die Jungs und ich wurden fast so etwas wie Freunde. Wir kochten zusammen oder schauten gemeinsam Fernsehen. Sie besuchten mich unten und ich ging manches Mal hoch, wenn ich mich einsam fühlte. Nie wieder gab es Probleme irgendwelcher Art. Wir zollten uns gegenseitig Respekt.

Auch Musik kann großartiges zum Thema Völkerverständigung leisten. Hört euch den Song ruhig mal an. Dann wisst ihr, was ich meine!

Nackte Tatsachen

Nachdem ich fast ein Jahr in dieser sehr merkwürdigen Wohngemeinschaft gewohnt hatte, beschloss ich umzuziehen, und zwar in eine eigene Wohnung, die zwar direkt an einer recht befahrenen Kreuzung lag, was mich damals aber nicht wirklich störte. Wen da was störte, würde sich allerdings noch zeigen.

Eines schönen Sonnabendmittags genoss ich eine heiße Dusche. Mein Bad hatte ein Milchglasfenster direkt hinter der Duschkabine, also die Art Fenster, die so funktionieren, dass man weder rein-, noch rausgucken kann. Man erkennt gerade eben, ob Tag oder Nacht ist.
Ich duschte also noch recht verschlafen vor mich hin, in dieser, nun ja, ziemlich engen Duschkabine, stieg dann heraus und fing an mich einzucremen. Plötzlich schellte es an der Tür. Ausgerechnet jetzt! Ich warf mir etwas über und öffnete.

Mir gegenüber standen zwei Polizisten in Uniform. Sie begrüßten mich höflich und erzählten, dass jemand auf der Kreuzung einen nackten Hintern am Fenster gemeldet hätte und sie wären verpflichtet, der Sache nachzugehen, und seien dabei auf meine Wohnung gekommen.

Ich starrte die Polizisten fassungslos an und stammelte schließlich eine Entschuldigung. Man klärte mich auf, dass ein Milchglasfenster nur als Sichtschutz funktioniere, wenn man einen gewissen Abstand dazu einhielte.

Nachdem die Beamten mich verwarnt hatten und den Rückzug antraten, ließ ich mich erst mal in einen Sessel fallen. Mir ging so einiges durch den Kopf: Wie oft hatte ich seit dem Umzug geduscht? Wie viele verschiedene Buslinien halten eigentlich an dieser Kreuzung? Wird man mich ab jetzt an meinem Hintern erkennen?

In Irland ist es übrigens verpönt, wegen Lärmbelästigung gleich die Polizei zu holen. Jedes Land hat halt so seine Prioritäten.

Vertrauenssache

2011. Papi und ich sind in Ordu (Osttürkei). Wir beschließen – als Highlight - mit der Seilbein den Berg heraufzufahren. Auf dem Weg zur Talstation äußert Papi jedoch Bedenken: „Was ist, wenn das nicht hält und wir herunterfallen?" Bevor ich mir eine Antwort überlegen kann, sieht Papi an der Station das Logo der Seilbahnbauer „Leitner-Systeme". Daraufhin er:

„Ach, das haben Österreicher gebaut. Dann ist ja gut!"

(Genau genommen Südtiroler. Aber er war nah dran.)

Die Milch macht´s !

Ende der 90er verbrachte ich gern Zeit in Kanada, welches leider grundsätzlich mit einem extrem langen Flug von Frankfurt oder London nach Vancouver verbunden war.

Einmal saß ich allein in einer Außenreihe und rechts von mir in der Mittelreihe war eine Frau mit einem kleinen Jungen, den ich auf sechs Jahre schätzte. Er langweilte sich genauso wie ich, denn man kann sich nicht zehn Stunden durchgehend beschäftigen, und für ein Kind ist das wahrscheinlich noch übler als für uns Erwachsene.

Ich hatte einen kleinen Stoffelch bei mir, den ich nach einer Weile aus der Tasche holte. Der Junge gegenüber beobachtete mich, und ich fing an mit dem Elch Faxen zu machen, in der Hoffnung, den Jungen zu amüsieren. Der schaute zwar herüber, aber sein starrer Gesichtsausdruck verriet mir, dass ich als Entertainerin kläglich gescheitert war. Ich ließ den Elch erst einmal auf meinem Schoss sitzen. Kurz darauf kam die Stewardess mit den Getränken vorbei und ich bestellte einen Tee. Damals trank ich meinen Tee noch mit Milch, wie ich es aus Irland gewohnt war.

Die Milch kam in so kleinen Plastikdosen, die eine Lasche zum Aufreißen haben.

Genervt vom langen Flug und der ganzen Situation riss ich an der Lasche. Doch nichts tat sich. Ich zog kräftiger. Und dann riss besagte Lasche endlich auf. Durch den Druck, mit dem ich zog, gepaart mit leichten Turbulenzen, entglitt mir die offene Dose und flog in hohem Bogen durch die Luft. Einige Tropfen spritzten auf die Rückenlehne des Vordermanns, und der Rest der Milch landete auf dem Kopf des Elchs, der immer noch auf meinem Schoss saß.

Ich kam nicht dazu, mich darüber zu ärgern. Ein lautes, glucksendes Lachen von rechts entschädigte mich gewaltig für das Missgeschick.

Georgische Diplomatie

Ich fragte meine georgischen Schüler in Tiflis, die bei mir Deutsch lernten, einmal gegen Ende des Unterrichts, welcher geographischer Nachbar ihnen eigentlich am liebsten sei. Georgien wird immerhin von der Türkei, Aserbaidschan, Armenien und Russland umgeben.

Daraufhin antwortete mir ein 16-jähriger Schüler wie aus der Pistole geschossen:

„Das Schwarze Meer!"

Just-in Time

Der anglophile Leser beachte bitte das ausgeklügelte Wortspiel im Titel. Allerdings vermittelt es sich erst, wenn man die Geschichte gelesen hat.

Wer ist schon mal mit einer dicken, und ich meine *wirklich dicken,* Erkältung geflogen und gelandet? Der möge jetzt bitte mit mir mitfühlen!

April 1997. Ich holte mir in Dublin meine übliche schwere Erkältung und flog damit wieder Richtung Hamburg. Schon während des Fluges merkte ich, dass mir der Kopf immer mehr anschwoll, ganz besonders die Ohren. Als der Pilot die Landung einleitete, hatte ich bereits solche Schmerzen, dass mir die Tränen runterliefen. Bloß raus hier und schnell nach Hause. Ich war zumindest froh, dass das Schlimmste überstanden war.

Ich war froh. Und ich war taub! Ich hörte wirklich *nichts* mehr, und der Zustand sollte tatsächlich noch fast 48 Stunden lang anhalten. Ich schleppte mich, krank wie ich war, zur Gepäckausgabe und es gab ein fürchterliches Gedrängel. Was ist denn hier los, dachte ich, das ist doch sonst nicht so voll. Aber ich sah ja nur und hörte nichts. Ich war wirklich komplett taub.

So geschah es auch, dass ich in den jungen, hageren Mann mit den Löckchen rein rannte und ihn umriss. Wir kullerten beide zu Boden. Der Junge hob mich liebevoll wieder auf und entschuldigte sich bei mir. Zumindest war es das, was ich von seinen Lippen abzulesen glaubte. Ich murmelte auch eine Entschuldigung und wankte weiter zur Gepäckausgabe. Da fing ich plötzlich an zu grübeln: Den kenne ich doch irgendwo her! Ist er mit an Bord gewesen? Ist er ein Nachbar von mir? Ich kam nicht drauf, musste mich dann auch wieder auf meine Umgebung konzentrieren.

Als ich den Flughafen verlassen wollte, geriet ich in eine Horde Polizisten, die ich natürlich auch nicht verstand. Ich war ja taub. Und hinter einer gewaltigen Absperrung sah ich viele junge Mädchen, die wie die Verrückten schrien und gestikulierten. Zumindest deutete ich so ihre Mimik. Ich konnte sie ja nicht hören. Ich war taub. Und jetzt auch noch genervt!

Von Minute zu Minute wurde ich schwächer, schleppte mich schließlich zu einem Taxi und war zwei Tage lang nicht ansprechbar. Und natürlich … taub!

Circa eine Woche später, wieder vollkommen gesund und munter, sah ich zufällig im Fernsehen einen kurzen Bericht über eine Preisverleihung, die in Hamburg stattgefunden hatte. Es wurden diverse Musiker gezeigt, unter anderem auch *NSYNC, die einen Preis kassierten. Ein schmächtiger Junge mit Locken trat vors Mikrofon und bedankte sich artig für die überreichte Belohnung.

Mir fiel fast der Becher aus der Hand! Aber dann stellte ich beruhigt fest, dass Justin Timberlake die „umwerfende" Begegnung mit mir gut überstanden hatte.

Der Fluch der Stones

1990. Das Interrail boomte, und auch ich nutzte die Chance, einmal für wenig Geld so viel wie möglich von Europa zu sehen. Italien, Schweiz, Frankreich, Belgien und Holland hatte ich bereits hinter mir gelassen und es war immer noch eine Woche über.

Also beschloss ich, als krönenden Abschluss, nach Dänemark zu reisen, packte zu Hause kurz um und stürzte mich in mein letztes Abenteuer.

Dänemark ist sehr gemütlich, und ich machte mir keine Sorgen über spontane Stopps und Unterkünfte. Mein letzter Weg sollte mich nach Kopenhagen führen. Man hatte mir viel erzählt, wie hübsch und entspannt diese Stadt sein soll.

In Kopenhagen angekommen, traf mich dann der Schlag. Es war, als ob ganz Europa sich hier versammelt hätte. Was für ein Chaos! In diversen Hostels, die ich aufsuchte, schüttelten alle bedauernd den Kopf: Nein, schlafen könne man dieses Wochenende hier nirgends, schließlich seien die Rolling Stones in der Stadt und gäben ein riesiges Konzert. Na, das hatte mir gerade noch gefehlt!

Mein letzter Versuch führte mich direkt zur

Touristen-zentrale. Ich schilderte missmutig meine Situation, und man verwies mich auf eine große Bettenhalle, direkt gegenüber des Stadions, in dem die Stones spielen würden. Riesige Bettenhalle, mit anderen Worten, die nächste Nacht würde ohne Schlaf stattfinden, dachte ich, und suchte dieses sehr spezielle Hostel auf.

Es herrschte ein Getümmel wie auf dem Frankfurter Flughafen. Endlose Gänge, mit mehrstöckigen Betten links und rechts, erforderten einen sensiblen Orientierungssinn, will man später nicht in einem falschen Bett landen. Man wies mir ein Bett zu, kassierte und überließ mich meinem Schicksal.

Der Sommer gab noch einmal alles. Es war brüllend heiß und ich ging erst einmal wieder vor die Tür. Ein unsicherer Blick zurück zum Gewimmel am Hostel, und die Frage, wo genau mein Bett wohl steht, aber dann schlenderte ich doch rüber zum Stadion. Wer keine Karte hatte, konnte sich einfach vor das Hostel setzen, man hörte die Musik ja doch.

Und so geschah es auch: Ich freundete mich mit zwei Ungarn und einer Amerikanerin an, und wir saßen fast die ganze Nacht draußen vor dem Hostel. Wir tranken Bier, ich lernte ein ungarisches Lied und untermalt wurde eh alles von den Stones.

Geschlafen hatte kaum einer. Ob ich mein Bett

überhaupt noch einmal aufgesucht habe, lasse ich mal offen. Am nächsten Tag nahmen meine neuen Freunde und ich vollkommen übermüdet die Fähre zurück aufs dänische Festland.

Sieben Jahre später.

Ich hatte mein Studium in Irland hinter mir gelassen und arbeitete inzwischen in einer kleinen Firma im Albert-Einstein-Ring in Hamburg-Bahrenfeld. Der Job war entspannt, die Mitarbeiter sehr nett und mein Arbeitsweg von zwanzig Minuten Fahrt auch überschaubar.

Da wir im vierten Stock, also direkt unterm Flachdach, arbeiteten, nutzten wir die große Dachterrasse gerne mal zum Grillen. Eines Sonntags war es wieder so weit. Da jeder was mitbringen sollte, teilte ich mich selbst für den Kuchen ein. Kuchen geht immer!

Ich backte also einen wunderschönen Kuchen und ließ ihn, zwecks sicheren Transports, direkt in der Springform.

Gut gelaunt stieg ich ins Auto, Handtasche und Kuchen auf dem Beifahrersitz. Als ich links in die Notkestraße abbiegen wollte, sah ich plötzlich vor mir eine Absperrung und mehrere Sicherheitskräfte. Nanu? Ich kurbelte die

Scheibe herunter und machte ein fragendes Gesicht. „Sie können hier heute nicht mehr durch. Die Rolling Stones spielen auf der Trabrennbahn. Oder sind Sie Anlieger?" Dank meines Firmenausweises durfte ich letztendlich passieren, parkte, schnappte mir Kuchen und Tasche und wollte die Treppen zum vierten Stock hoch laufen.

Ich mag nun mal keine Fahrstühle, denn ich bin äußerst klaustrophobisch. Mir ist zwar noch nie etwas passiert, aber das Laufen hält fit und stört mich nicht. An diesem Tag hielt ich jedoch inne. Was ist, wenn ich stolpere und mit mir der Kuchen runterfällt? Aus Respekt vor dem Gebäck machte ich etwas, was ich sonst niemals machen würde: Ich nahm – ganz ausnahmsweise - den Fahrstuhl.

Der Fahrstuhl schaffte das auch. Und zwar genau bis zum anderthalbten Stock!

Totenstille. Nichts ging mehr. Mein Gehirn wollte vor der aufsteigenden Panik noch einmal wissen, ob es nicht doch Alternativen gäbe, und ließ mich erst mal alle Knöpfe durchprobieren. Nichts. Durch den Türschlitz sah ich, dass ich genau zwischen den Stockwerken hing.

Nun drückte ich den Notknopf und schilderte meine Lage. Man versprach mir, sofort einen Techniker loszuschicken. Er möge sich bitte nicht von den Absperrungen lange aufhalten lassen, schließlich spielen die Stones nachher, flehte ich noch in die Sprechanlage. Dann hieß es warten.

Ich setzte mich auf den Boden. Das half tatsächlich gegen etwaige Panik. Mit dem Kuchenmesser fing ich an, einen Rhythmus zu klopfen. Dann hörte ich den Nachbarfahrstuhl surren und Stimmengemurmel. Das dürften meine Kollegen sein, die gleich den Grill anwerfen. Ich schloss die Augen und atmete tief ein und aus. Jetzt nicht verrückt werden!

90 Minuten später kam er dann. Der Techniker! Er stand im ersten Stock und stemmte die Tür auf. Er erklärte mir, dass er mich erst rausholen müsse, bevor er den Fahrstuhl repariert. Ich solle mich oben festhalten - er würde mich dann „da durch ziehen".

Ich war entsetzt! Der Mann wusste anscheinend nicht, dass ich schon drei Mal den Film „Fahrstuhl des Grauens" gesehen hatte und ich alles möchte, außer zwischen zwei Stockwerken hindurch gezogen werden. Morgen auf Seite Eins: *Junge Frau wird im Albert-Einstein-Ring von Fahrstuhl zerfetzt!*

„Nehmen Sie den Kuchen!", brüllte ich herunter und eine Minute später sprang ich dem verdutzten Techniker direkt in die Arme.

Wie in Trance ging ich mit dem Gebäck nach oben. „Wo warst du denn?" „Ach DU warst das nebenan?" „Du armes Ding. Trink erst mal was", begrüßte mich der Rest der Belegschaft aufgeregt. Man reichte mir einen Grappa. Den Kuchen stellte ich irgendwo ab.

Aus dem Grappa wurden Grappas. Die Party interessierte mich nicht mehr. Man erzählte mir hinterher, wie gut man doch die Stones auf dem Dach hören konnte. Irgendwer hat mich dann später nach Hause gefahren. Ich habe das alles komplett ausgeblendet.

Ob die Geschichte hier zu Ende ist, kann ich nicht sagen. Die Stones geben nämlich noch immer Konzerte!

Der Fahrraddieb

Mein Vater ist seit Langem schon begeisterter Radfahrer. Selbst für längere Strecken zieht er das Radeln dem Autofahren vor. Allerdings hat sein Fahrrad schon bessere Tage gesehen.

Herbst 2006. Bei einem Besuch bei mir in Hamburg entdeckte Papi zufällig mein Fahrrad im Keller, denn auch ich lege gern jeden möglichen Weg mit dem Rad zurück. Er bestaunte es eingehend, erzählte dann von seinem eigenen klapprigen Drahtesel und fragte mich: „Kann ich das mitnehmen?"
Ich wusste ja, dass Papi mit dem Flugzeug heimkehren würde, lachte über den guten Witz und sagte völlig unbekümmert: „Ja, sicher!"

Einen Tag später war ich mit dem Kochen unseres Abendessens beschäftigt, als ich plötzlich Geräusche aus dem Keller vernahm: „Tschack Tschack Klong Klong." Ich dachte mir nichts dabei, doch dann stand plötzlich mein Vater leicht verdreckt in der Tür. Unter dem Arm hatte er einen Fahrradreifen und meinte strahlend: „Ich habe es zerlegt. Nun schnüre ich ein Paket daraus."

Ich war völlig perplex und meinte nur: „Papi! Das kriegst du doch niemals mit in das Flugzeug. Ich dachte, du machst Witze!"
„Ooooch, bei der Airline sind die nicht so streng. Das geht schon."

Seit vielen Jahren fährt er nun schon damit am Schwarzen Meer herum. Fast jeder dort kennt ihn inzwischen. Und fast jeder dort kennt nun auch mein Fahrrad.

Kuchenfreiheit

Februar 2016. Papi regt sich - zu Recht! - über die für ihn geltenden Einreisebestimmungen auf.

„Ich verstehe es nicht. Warum machen die das mit dem Visum so kompliziert? Ich brauche einen Haufen von Dokumenten für die deutsche Botschaft. Du (er meint mich) musst ja vorher auch noch los und die Verpflichtungserklärung beantragen. Das Ganze kostet Zeit und Geld. Was wollen die von mir? Ich bin über 70 Jahre alt und Rentner. Was glauben die denn, was ich in Deutschland mache? Ich habe 16 Jahre in Hamburg gelebt, gelernt und gearbeitet. Ich habe eine leibliche Tochter, die dort wohnt und die ich nicht mal besuchen kann ohne diesen ganzen Firlefanz. Bin ich ein Mafioso oder was? Ich habe mir in Deutschland nie etwas zuschulden kommen lassen. Alles, was ich will, ist mal wieder eine schöne Tasse deutschen Kaffee trinken. Und ein Stück Apfelschnitte. Mit Sahne!"

Katze, die zweite

Über ein Jahr hielt ich eine Katze allein bei mir. Meine geliebte Picasso. Nachdem mir Pica aber nach meiner Rückkehr von einem achttägigen Auslandsaufenthalt vor lauter Wiedersehensfreude dermaßen fest in die Nase biss, dass man den Abdruck noch zwei Tage lang sah, überlegte ich ernsthaft, ihr eine Gefährtin zu holen.

Kurz darauf fuhr ich ins Tierheim, um zumindest mal zu gucken, ob es ein geeignetes Zweittier für meine Picasso geben könnte. Das erwies sich – trotz über hundert Katzen – als gar nicht so einfach! Nachdem die Grundvoraussetzungen (Wohnungskatze, Umgang mit anderen Katzen) hinreichend geklärt waren, blieben zwei Tiere übrig. Eine scheue Katze und eine extrem scheue Katze. Ohne groß zu überlegen entschied ich mich für die extrem scheue Katze. Allein schon deswegen, weil sie schon ein halbes Jahr dort war und ich vermutete, dass das Attribut „extrem scheu" ihr leider weiterhin eine lange Zeit im Heim bescheren würde.

Ich fuhr nun also mit meinem extrem scheuen Neuzugang nach Hause. Richtete ihr Toilette und Futter in meinem Schlafzimmer ein und machte die Tür zu. Mir wurde nämlich angeraten, die Neue ein paar Tage getrennt zu halten, bevor Picasso sie kennenlernt. Da wird meine Geduld noch auf eine harte Probe gestellt!

Ich verbrachte den Rest des Tages in den übrig gebliebenen Teilen meiner Wohnung und mir fiel ein, dass die Neue noch keinen Namen hatte. Als Anhänger der griechischen Mythologie ging ich im Kopf alle Götternamen durch, die ich kannte. Mit einem Kater wäre es einfacher gewesen, da ich schon immer einen „Herkules" oder einen „Achilleus" haben wollte. Doch diese Katze war weiblich und ich stand auf dem Schlauch. Welche griechischen Göttinnen würden ihrem „extrem scheuen" Charakter gerecht werden? Aphrodite, Athene oder Hera? Von denen wohl keine.

Zwischendurch schlich ich ab und zu ins Schlafzimmer. Beim zweiten Mal saß sie auf der Kommode und fauchte und knurrte. Etwas eingeschüchtert setzte ich mich langsam aufs Bett und sprach leise mit ihr. Die nächsten Male saß sie wieder hinter dem Transportkorb, hatte allerdings schon ihr Klo benutzt und auch vom Futter gegessen. Erstes erleichtertes

Durchatmen meinerseits.

Als ich dann spätabends ins Bett ging, war ich gespannt, wie sie meine Anwesenheit aufnehmen würde. Meine Picasso musste ja nun draußen bleiben, und ich rechnete damit, dass Pica die halbe Nacht vor der Tür maunzt, da sie das nicht gewohnt ist.

Es kam alles ganz anders.

Das „extrem scheue" Tier lief die ganze Nacht durch das Schlafzimmer, zeigte sein komplettes Repertoire an Akrobatik, das in dem Höhepunkt gipfelte, dass es schließlich vom Fensterbrett aus in das Dachfensterrollo sprang und in dem Rollo sitzen blieb. Ich lag atemlos – und direkt da drunter - im Bett und fragte mich, wie lange das alte Papprollo 3,5 Kilo tragen könne, bis Rollo samt felinem Inhalt in meinem Gesicht landeten.

Die Katze turnte noch bis in den frühen Morgen und ich stopfte mir um 5 Uhr 30 Watte in die Ohren, um endlich in einen komatösen Schlaf zu fallen.
Picasso hatte sich die ganze Nacht über nicht ein einziges Mal gemeldet, und ich stellte mir am nächsten Morgen die alles entscheidende Frage:

Gibt es eine griechische Göttin für Akrobatik und Ruhestörung?

Drei Tage später:
Das extrem scheue Tier bekam den Namen „Nike" und schläft neben Picasso bei mir im Bett.

Papi ante portas

Eigentlich führe ich ein recht beschauliches Leben. Dennoch behaupte ich gern, dass ich durchaus flexibel sei und Eintönigkeit hasse. Diese Einstellung relativiert sich immer genau dann, wenn mein Vater zu Besuch ist. Bevor es zu Missverständnissen kommt: Ich habe ihn furchtbar lieb!

Papi, zu dem Zeitpunkt 68 Jahre alt, war immer noch dick im Haselnussgeschäft. Wenn er dann zwischendurch mal Zeit hat, mich zu besuchen, freue ich mich sehr, denn wir haben uns so viel zu erzählen.

Im April 2008 war es wieder so weit. Papi kam, sah und übernahm. Innerhalb von weniger als 24 Stunden wurde aus meiner langweiligen, westeuropäischen Bude eine osteuropäische Schaltzentrale für Außenhandel. Er richtete sich ein, telefonierte, schrieb eine Menge Zahlen auf und lief im Wohnzimmer auf und ab.
Pica und Nike – sonst mein beschauliches Leben gewohnt und empfindlich bei jeglicher Art von Lärm und Stress – fanden Papi toll! Ich kann normalerweise nicht mal einen Kuli fallen lassen, ohne dass mindestens eine

zusammenzuckt, aber Papi kann laut ins Telefon brüllen und ganze Ordner umkippen – er wurde bedingungslos angehimmelt. Ich sah ihn einst mit dem Telefon in der linken Hand 40 Tonnen Nüsse ordern, und in der rechten Hand hielt er gleichzeitig ein Seil, das er hin und her schwenkte, und beide Katzen spielten damit, als gäbe es dafür einen Preis zu gewinnen. Ich versuchte seit drei Monaten meiner Nike das Ballholen beizubringen – Papi wurden alle Spielzeuge zu Füßen gelegt.

Ans Telefon gehen brauchte ich auch nicht mehr. Und wenn ich doch mal ran ging, war es eh nicht für mich.

Eines Morgens, so gegen 9 Uhr, wachte ich auf, weil ich aus dem Wohnzimmer Stimmen hörte. Noch ziemlich müde schlurfte ich näher.

Papi telefonierte mit jemandem auf Georgisch, und ich ließ mich gähnend neben ihn aufs Sofa fallen. Kurz darauf legte er auf und sagte freudestrahlend: „Du hast eine Einladung nach Tiflis. Man freut sich schon auf dich." Ich klappte ein Auge auf und fragte schlaftrunken: „Kann ich noch einen Kaffee trinken oder muss ich gleich zum Flughafen?"

Eine Woche später reiste er wieder ab. Meine Katzen vermissten ihn sehr. Und ich sowieso!

Viel PS

Im Winter 1986 fuhren wir von Istanbul nach Hamburg. Wir, das waren sechs Leute, von denen nur einer fahren konnte: Mein Vater. Die anderen fünf waren meine Stiefmutter, ihre Schwägerin, die Frau ihres Neffen, mein entfernter Verwandter Mate und ich. Unsere Motive für diese Fahrt waren unterschiedlich: Die Frauen wollten ihre Wedeler Verwandten besuchen, Mate sollte in Hamburg operiert werden, und ich wollte ein paar Tage zu meinen Großeltern.

Bei dem Auto handelte es sich um einen Renault Mégane, also nicht unbedingt gebaut für sechs Personen und daher saßen wir nach mehreren Versuchen wie folgt: Die drei Frauen hinten, Papi am Steuer und Mate und ich auf dem Beifahrersitz.

Mate war nicht der Schlankste, und ich fragte mich insgeheim, wie das wohl über 2500 Kilometer gutgehen soll. Wir saßen wirklich sehr eng. Ein Wunder, dass Papi überhaupt noch an den Schaltknüppel kam.

Mate sah das ähnlich und nörgelte gewaltig über den Platzmangel vorne. Nach der ersten Rast zickte er beim Wieder-Einsteigen derartig herum, dass Stiefmuttis Schwägerin der Kragen platzte: „Hör auf zu jammern. Als ob ihr da eng sitzen würdet. Da passt noch ein ganzes Pferd mit rein!!"

Schnief!

Papi erklärt meinem Mann, wer sein guter Freund Nasri ist:
„Er war bei unserer Hochzeit der Trauerzeuge!"

Klitschko

Seit vielen Jahren gucke ich leidenschaftlich gern Boxen. Ich habe schon bei Joe Calzaghe, Luan Krasniqi und Arthur Abraham mitgefiebert, und natürlich schaue ich möglichst jeden Kampf der Klitschko-Brüder an.

Frühjahr 2009. Mein Flugzeug aus Dublin war gerade in Hamburg gelandet. Ich freute mich auf eine längere Partie Doppelkopf, die gleich anstand, und ich wusste, dass meine Freundin Bea mich vom Flughafen abholt, damit wir möglichst schnell unserer Spielsucht nachkommen können.

Gepäck hatte ich wie meistens keins und schlenderte gedankenverloren mit meinem Rucksack Richtung Ausgang. Wie gesagt, Bea wartete ja dort irgendwo. Mein Weg führte mich an einigen Abflug-Gates vorbei, und ich sah zu meiner Linken durch das Fenster eine kleine Boeing, die sich laut Anzeigetafel bald Richtung Kiew bemühen würde.

Kiew, dachte ich … und immer wenn ich Kiew lese oder höre, denke ich sofort an die Klitschkos. Und wie ich so an die Klitschkos dachte, ging mein Blick weg vom Flugzeug nach rechts … und genau da, in etwa vier Meter Entfernung, saß der leibhaftige

Wladimir Klitschko!

Mir war in dem Moment vollkommen klar, dass mir diese Geschichte niemand glauben würde, also musste ein Beweis her. Und das möglichst schnell. Bea wartete schließlich.

Wladimir unterhielt sich mit einem dunkelhaarigen Mann, ansonsten war keiner bei ihm. Verdammt, was mache ich denn nun? Meine Hemmschwelle ist generell sehr hoch, was das Stören von Prominenten betrifft. Mit anderen Worten, ihn zu bitten, sich von mir photographieren zu lassen, kam überhaupt nicht in Frage.
Aber trotzdem musste ich unbedingt einen Photobeweis erbringen! Ich nahm also voller Verzweiflung die Kamera aus dem Rucksack und machte im Vorbeigehen ein „heimliches" Photo von ihm und dem anderen Mann, quasi aus der Hüfte. Dann eilte ich fort. Bea wartete.

Natürlich war Klitschko das Thema Nummer eins beim Doppelkopf. Später zeigte ich den anderen auch das Photo, auf dem man ihn immerhin identifizieren konnte.
Wegen dieser Geschichte war ich den ganzen Nachmittag völlig aus dem Häuschen - bis zu dem Moment, als meine Mitspielerin Tina mir gutmütig auf die Schulter klopfte:

„Bali, ich will deine Freude nur ungern trüben, aber ich hatte den Klitschko beim Italiener in Altona fast zwei Stunden am Nebentisch sitzen."

Das war vielleicht ein Knock-out!

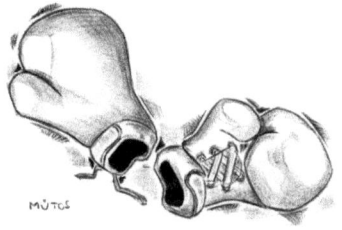

Der Aktivist

Mein Vater und ich sind uns extrem ähnlich, im Aussehen, im Denken und auch im Verhalten. So überrascht es nicht, dass wir uns auch in Sachen Umweltschutz absolut einig sind.

Oft sprechen wir darüber, wie respektlos Menschen diesen Planeten behandeln und was man dagegen tun könnte. Meinen Vater bringt es regelrecht auf die Palme, wenn er sieht, wie manche Leute zum Beispiel ihren Müll einfach in die Landschaft werfen.

Er erzählte mir, dass er mal ein paar Jugendliche auf frischer Tat ertappt hätte, und zwar hatten sie Abfall in den Fluss nahe seines Hauses gekippt. Mein Vater sah das, geriet in Wut und brüllte sie an: „Seid ihr verrückt geworden? Wie könnt ihr das machen? In dem Fluss habe ich als Kind schon gebadet!"

Notlage

1999 gab es in der Westtürkei ein sehr schweres Erdbeben. Meine Familie wohnte zu der Zeit in Istanbul und wurde nachts von diesem Beben geweckt. Natürlich waren sie aufgrund der Schwere des Bebens in höchster Aufruhr. Meine Stiefmutter und Levan beteten. Issam war zu perplex, um irgendetwas zu machen. Nur mein Vater lief aufgeregt herum und fragte dauernd: „Wo sind meine Zigaretten? Wo sind meine Zigaretten?" Issam brüllte ihn an: „Wir wissen nicht, ob wir das überleben und du denkst jetzt an deine Zigaretten?" Mein Vater verteidigte sich: „Da, wo meine Zigaretten sind, ist auch mein Feuerzeug."

Wie bei solchen Beben leider üblich, war der Strom ausgefallen und daher hatte mein Vater eine Lichtquelle gesucht. Das leuchtete Issam natürlich hinterher ein und er fing - auch aufgrund der extremen Anspannung – plötzlich hysterisch an zu lachen.

Jammertal

Irgendwie ist das echt traurig,
mit dem Stöhnen und dem Fluchen.
Wer keine großen Sorgen hat,
muss sich dringend welche suchen.

Die Erde bebt am Schwarzen Meer,
20.000 sind schon tot.
Bei Müller ist das Bier grad leer,
voll Wut beißt er ins Schinkenbrot.

Väter, Männer auf der Kursk,
sie sinkt und wird zum Massengrab.
Doch hier passiert viel Schlimmeres:
Frau Meier bricht ein Nagel ab.

Familie Schmidt hat eine Katz,
das Tier hat mächtiges Wehweh.
Nein, dafür haben sie kein Geld,
die Tochter muss zur Brust-OP. Auf Doppel D.

Die Wäsche hängt auf dem Balkon.
Meine Nachbarn sind empört.
Der andere Nachbar schlägt sein Kind,
das haben sie wohl nicht gehört.

In Afrika ist Essen knapp.
Die kriegen niemals richtig Ruhe.
Christa steht vorm Herzinfarkt:
Sie hat nur sieben Prada-Schuhe.

Der Georgier ist zweisprachig.
Der Ire auch, und nicht nur der.
Manchem Kind in diesem Land
ist selbst die Bruchrechnung zu schwer.

Wir suchen neue Topmodelle,
im Nahen Osten brennt die Luft.
Hier riecht es herrlich nach Chanel,
dort eher nach Raketenduft.

Deutschland, Deutschland über alles,
über alles in der Welt
tust du jammern und auch schimpfen,
weil dir einfach nix gefällt!

Der Pyromat 2000

September 2008. Es war unser letzter Ferientag am Schwarzen Meer und meine Familie und ich wollten die Sommerquartiere verlassen und in unsere Winterwohnung umsiedeln. So wie jedes Jahr um diese Zeit. Same procedure as every year, sozusagen.

An diesem letzten Tag also putzten wir gründlich unsere Apartments und packten alles ein, was mit sollte, beziehungsweise was keine neun Monate ohne uns überleben würde.
Unsere beiden Wohnungen lagen direkt Tür an Tür. Aber es gab für zwei Wohnungen nur einen Staubsauger. Kein Problem. Man kann ja hintereinander saugen. Mein Bruder fing also in Papis Wohnung an. Ich schaute derweil in meiner Wohnung Fernsehen, denn da ich nur sporadisch dort wohnte, hatte ich nicht viel zu tun.

Nach einer guten Stunde stellte mein Bruder mir den Sauger vor die Tür. Meine letzte Amtshandlung hier. Ich nahm den kleinen Sauger mit ins Dachgeschoss und fing an.
Als ich die Treppe, die wieder nach unten führt, saugte, fiel mir auf, dass der Staubsauger seine Melodie verändert hatte. Irgendwie eine

Oktave höher. Ich war leicht irritiert, saugte aber erst mal weiter.

Inzwischen war ich beim Esszimmer angelangt. Nun fiel mir zusätzlich ein eigenartiger Geruch auf, den ich bis dahin in meiner Wohnung noch nicht kannte. Irgendwie verbrannt. Da ich gerne grille, kam sofort ein leichtes Hungergefühl auf. Ich machte mir die Mühe und drehte mich um.

Der Staubsauger brannte!

Das angenehme Hungergefühl wurde durch unangenehme Panik ersetzt. Ich zog ängstlich den Stecker heraus und schleifte den Sauger am Schlauch quer durch die Wohnung bis vor die Tür. Er lag nun draußen, zwischen unseren Eingangstüren, und qualmte mächtig vor sich hin.

Todesmutig sprang ich über ihn hinweg, in die Eingangstür der Wohnung meiner Familie und rief: „Hallo, der Staubsauger brennt!"

Ich hörte, wie mein Vater auf dem Balkon herumkramte, meine Stiefmutter in der Küche Lebensmittel einpackte und mein Bruder in einem der Schlafzimmer den Boden wischte. Von mir nahm zunächst keiner Notiz.

Zweiter Versuch.

„Entschuldigt bitte, der Staubsauger brennt!"

Man muss dazu sagen, dass Menschen, die ein Erdbeben Stärke 7,4 überlebt haben, kaum durch einen brennenden Staubsauger einen erhöhten Puls bekommen. Ich habe sowieso noch nie so etwas wie Panik in meiner Familie gesehen. Muss was Genetisches sein. Nur ich habe diese Gene anscheinend nicht.

Zumindest bekam ich jetzt aber die ersten Reaktionen.

Mein Bruder guckte mit einem interessierten Gesichtsausdruck aus dem Schlafzimmer zu mir rüber. Papi kam zwei Meter näher und fragte gelassen: „Was ist los?"

„Ich sagte, der Staubsauger brennt. Wenn ihr bitte mal schauen wollt!" Papi und Issam begutachteten den qualmenden Sauger von allen Seiten. Meine Stiefmutter hatte mich inzwischen zwar auch gehört, aber wohl entschieden, dass zwei Leute für einen Brand ausreichen, und blieb vorläufig drinnen.

Während Papi den Staubsauger betrachtete, kamen offenbar allerlei Erinnerungen in ihm hoch. „Weißt du eigentlich wie alt dieser Sauger ist?", fragte er mich begeistert, „das ist noch echte Qualität. So etwas findest du heute nirgends mehr. Was wir damit schon alles gesaugt haben ... " Während Papi das Gerät nachträglich perfekt vermarktete, qualmte der Hauptdarsteller seiner Geschichte ganz gemütlich weiter.

Jetzt stapfte auch meine Stiefmutter ins Bild. Sah den Qualm, stemmte die Arme in die Hüften und überschüttete meinen Vater mit Vorwürfen:
„Das ist der Bauschutt! Ich hab´s dir gleich gesagt. Man saugt keinen Bauschutt mit so einem kleinen Sauger auf. Nun brennt er. Du lernst aber auch nie dazu!"
Papi wehrte sich vehement dagegen, dass der Bauschutt daran schuld war, und so stand meine Familie, die ich über alles liebe, im dichten Qualm vor der Tür und betrieb Ursachenforschung auf Osteuropäisch.
Apropos Qualm. Ich ließ meine Familie stehen, ging rein und rauchte erst mal eine.

Eine Stunde später hatten wir es tatsächlich geschafft. Wir saßen friedlich im Auto und fuhren los, gen Winterquartier. Den qualmenden Sauger hatten wir draußen vor der Tür stehen lassen - den wird garantiert keiner klauen, während wir weg sind. Und mein Papi kommt ja ohnehin in ein paar Tagen wieder hierher zurück, um nach dem Rechten zu sehen.
Wir waren schon eine halbe Stunde gefahren, als ich – den Schreck inzwischen verdaut – Witze machte über das flammende Inferno.

Mein Bruder, am Steuer, grinste auch. Mein Vater wies noch einmal auf den prähistorischen Wert des Saugers hin, und letztendlich stellte ich zufrieden fest, dass ja unseren Wohnungen nichts passieren könne, da der Sauger ja nun vor der Tür qualmt.

Daraufhin sagte meine Stiefmutter ganz beiläufig: „Nöö, den hab ich zum Schluss noch reingeholt."

Multiple Schnappatmung.

Reifenquietschen.

Und es gibt *doch* so etwas wie Panik in meiner Familie!

Nachtwanderung

(In kursiver Schrift die Story aus Jans Sicht)

Winter 2009. Seit zwei Jahren bin ich in einer Hamburger Spielerclique aktiv, und das Schöne ist, wir spielen nicht nur, wir machen auch andere Dinge gemeinsam. Wegfahren zum Beispiel. Wir waren schon zwei Tage an der Ostsee gewesen und das war äußerst nett. Meine Freundin Bea und ich hatten uns also überlegt, dass wir nun mit ein paar Leuten an die Nordsee fahren. Die Wahl fiel auf ein Ferienhaus in St. Peter Ording, Anfang Dezember, zu einem Zeitpunkt, wo keine Sau da hin will.

Meistens ist der erste Diskussionspunkt, noch bevor man losfährt, die Zimmeraufteilung. Das ist mit acht Leuten, darunter nur ein Pärchen, ganz schön kompliziert, da jeder so seine eigene Schmerzgrenze hat. „Der ist mir zu unruhig", „der schnarcht", „der ist mir zu laut", „der ist mir zu leise", und so weiter und so fort.
Bea, die das Ganze organisiert hat, sagte sofort: Sie kann überall schlafen, und ihr ist völlig egal, mit wem sie das Zimmer teilt.
Ich gebe ehrlich zu, ich kann das nicht. Ich bin

total unentspannt, sobald ich nicht mehr alleine in einem Zimmer bin. Und Einzelzimmer hatten wir nicht. Also hab ich überlegt, dass ich mit Jan in ein Zimmer gehe. Jan ist jemand, der meistens zwischen 5 und 6 Uhr morgens aufsteht und auch schon gegen 23 Uhr schlafen geht. Also hätte ich mit ihm eine sehr geringe Schlaf-Schnittmenge.

Jan war zwar erstaunt, aber einverstanden. Ich hatte ihm allerdings erklärt, dass ich nicht bei Kälte schlafe, und er meinte, wenn es nicht zu warm wird, könne er damit leben. Bea fiel irgendwann ein, dass sie doch nicht überall schlafen kann, weil sie eine bestimmte Matratzenhärte braucht, aufgrund diverser Rückenprobleme. Mit all diesen Vorgaben zogen wir also los in unser Meer-Wochenende.

Um jeglichen Stress zu vermeiden, habe ich Jan gleich unser Schlafzimmer aussuchen lassen. Und es dann auch selbst bezogen. Und natürlich die Heizung auf 2,5 gestellt, damit sich der Raum schon langsam erwärmt. Die restlichen Spieler trudelten auch bald ein, und Bea hatte unten im Erdgeschoss ein Zimmer für sich bekommen, gleich gegenüber vom großen Wohnzimmer. Wir saßen den Abend nett beieinander und dann nahm die Nacht ihren Lauf.

1:00

Jan geht endlich ins Bett. Nicht so früh, wie ich gehofft hatte, aber immerhin! Das ergibt höchstens eine Schlaf-Schnittmenge von drei Stunden. Vorausgesetzt, ich bleibe noch zwei Stunden auf. Leider wollten die anderen auch früher ins Bett, daher:

2:00

Ich betrete widerwillig das Schlafzimmer. Jans Nachttischlampe brennt. Hat er die für mich angelassen? Ich schleiche rüber auf seine Seite und versuche, die Lampe zu löschen. Finde keinen Knopf, fummel genervt am Kabel herum. Dann sagt Jan plötzlich „huhu" und ich erschrecke mich total. Ich murmel, dass ich den blöden Schalter nicht finde. Jan erklärt mir, dass ich auf den Nachttisch hauen muss, damit das Ding ausgeht. Eine Nachttischlampe mit Sound-Control? Verwirrt schlage ich zaghaft auf den Nachttisch - natürlich ohne Erfolg. Jan haut einmal kräftig zu und das Ding ist aus. Zu spät fällt mir ein, dass ich mich jetzt im Dunkeln umziehen muss.

2:10

Ächz! Bali ist endlich fertig mit ihrem Gewusel. Warum wollte Sie eigentlich kein Licht?? Naja, vielleicht zieht sie sich ja NUR im Dunkeln um.

2:30

Jans Schnarcherei bringt mich um. Das hält keine Sau aus. Ich also mit Bettdecke runter ins Wohnzimmer … und mich total erschrocken: Da sitzen noch zwei und spielen ein Spiel. Mitten in der Nacht! Die beiden gucken mich fragend an. Ich gucke fragend (und genervt) zurück, trolle mich und gehe wieder rauf.

4:30

Mir reicht´s. Jan sägt und sägt und ich liege herum und starre an die Decke. Doch bevor ich wieder runtergehe, merke ich, dass das Zimmer sehr warm ist. Nun versuche ich – im Dunkeln – die Heizung zu drosseln. Da der Regler aber um 90 Grad verdreht ist, und ich schlecht in Mathe bin, weiß ich nicht, ob ich nach vorne oder nach hinten drehen muss. Ich kann nur links oder rechts. Auf jeden Fall drehe ich. Entweder erfriert Jan oder er verbrennt.

Mit Bettdecke geht es wieder runter ins nun leere Wohnzimmer. Ich könnte heulen vor Glück und lege mich auf die Couch.

4:45

Die Tür geht auf. Bea erschreckt sich furchtbar, als ich sie aus der Dunkelheit mit „wer ist da?" anspreche. Sie macht Licht, erzählt mir, dass sie nicht schlafen kann, und setzt sich auf die andere Couch.

Ich erzähle ihr von Jan, seiner Schnarcherei und dass ich nicht sicher bin, welche Temperatur im Schlafzimmer inzwischen herrscht. Bea lacht schallend darüber, dass ich das mit dem Regler nicht hinbekam.

2:45 - 5:00

Wache immer wieder auf ... kann nicht schlafen. Mann, diese Wärme! Bali hat ja einen verdammt guten Schlaf! Sie schläft wie eine Tote. Anscheinend braucht sie diese Temperaturen. Ich lass mal lieber die Heizung an, obwohl mir eher danach ist, das Fenster zu öffnen!

5:30

Bea beschließt einen Schlafversuch zu unternehmen und geht in ihr Zimmer. Ich versuche mich auf der Wohnzimmercouch. Und es gelingt. Ich schlafe bis 9 Uhr. Aber dazu gleich mehr.

5:00 – 6:15

Junge, Junge, ist das eine Sauna (gefühlte 50 bis 60 °C)! Ich bin im eigenen Schweiß gebadet, kriege keine Luft mehr. Meine Kehle ist ganz trocken und ich beschließe nun (6:15) aufzustehen und zu duschen.

6:30

Endlich habe ich alle Sachen im Dunkeln und ganz leise zusammengesucht. Sehr gut! Bali schläft immer noch wie eine Tote.

Ich schleiche mich aus dem Zimmer. Jetzt nur duschen! Ich bin völlig dehydriert und fertig. Ich gehe ins Bad im Erdgeschoss. Bloß niemanden wecken. Und WASSER aus dem Hahn. Eine Wohltat!

6:47

Bin fertig mit duschen, rasieren und Zähne putzen. Gehe nun in das Wohnzimmer und schau ein wenig Fernsehen. Kein Problem. Ich kann mich ja noch aufs Sofa legen ...

6:48

... verdammt, da liegt ja jemand! Bestimmt ist es Bea! Sie hatte sich ja über die Matratze beschwert.

Wat nu? Na ja, ich mache erst mal Kaffee und frühstücke ein bisschen ... LEISE!

Lese circa zwei Stunden lang Spielregeln, sitze brav am Küchentisch. Und warte ...

8:45

Bea kommt ins Wohnzimmer und Jan erschreckt sich total! Er fragt Bea, wer da liegt. Bea sagt: Das ist Bali. Jan kann nicht fassen, dass er die halbe Nacht für nichts und wieder nichts gegrillt wurde.

9:00

Ich erschrecke mich natürlich, als Jan mich weckt, gehe aber sofort rauf. Und schlafe bis 12:30.

Also für mich kann der Tag jetzt losgehen! Nur Bea und Jan sehen irgendwie müde aus …

Tag der Helden

Sommer 2011. Herrliches Wetter! Papi und ich sitzen abends zusammen bei ihm auf dem Balkon und schauen aufs Meer. Übermorgen wollen wir – mal wieder – eine Tour zusammen machen, mit dem Auto, entlang der Schwarzmeerküste. Geschäftspartner besuchen und Zeit zusammen verbringen. Als Endstation steht Tiflis auf dem Plan.

Morgen wird eigentlich ein entspannter Tag werden. Ein bisschen aufräumen, ein paar Sachen packen und ein wenig für die Reise einkaufen. Wie gesagt, vollkommen ohne Stress.

Dass uns der folgende Tag noch lange in Erinnerung bleiben würde, konnten wir zu diesem Zeitpunkt noch nicht ahnen.

Nächster Morgen. Ich komme um 9 Uhr runter in die Küche. Papi ist nicht da. Wahrscheinlich ist er in die Stadt gefahren, Besorgungen machen. Nicht ungewöhnlich für ihn um diese Uhrzeit. Sein Fahrrad fehlt auch. Dann ist ja alles klar.

Ich setze den Tee auf und mache mir mein Frühstück. Zwei Stunden später: Immer noch kein Papi. Ich werde langsam nervös. Angerufen hat er auch nicht. Irgendwas stimmt nicht. Ich spüre das.

Gegen 12 Uhr, also drei Stunden, nachdem ich aufgestanden bin, höre ich Geräusche an der Haustür. Ich gehe hin, bleibe abrupt stehen.

Vor mir steht mein Vater. Blutverschmiert, mit zerrissenem T-Shirt und einer Platzwunde am Kopf. „Oh mein Gott!", entfährt es mir. Papi wankt auf den Balkon und setzt sich. Mit zitternden Händen greife ich zur Zigarettenschachtel.

„Ich komme gerade aus dem Krankenhaus ..." Papi erzählt mir, dass er in der Stadt beim Radfahren von einem Auto erfasst wurde. „Ich lag direkt darunter und dachte: Das war's", sagt er leise und hält sich die Schulter. Danach hätte ihn jemand ins Krankenhaus gefahren, er sei geröntgt und untersucht worden. Anscheinend hat er Glück gehabt. Einige Verletzungen und Prellungen, mehr wohl nicht.

Ich kann meinen Vater irgendwie nicht davon überzeugen, die Tour vielleicht zu verschieben. Aber abends möchte er doch noch einmal in die Apotheke und Schmerzmittel besorgen. Wir fahren also mit dem Auto den kurzen Weg rüber ins Stadtzentrum und besorgen Medikamente. Während der Rückfahrt meint Papi dann plötzlich: „Ich weiß gar nicht, wo ich den Haustürschlüssel habe."

Oh, bitte nicht! Papi sucht noch einmal alles durch. Inzwischen sind wir zu Hause angekommen. Kein Schlüssel. Ich möchte die Zeit zurückdrehen auf gestern Abend, wo wir super entspannt auf dem Balkon saßen.

„Wie gut, dass ich das Fenster im Schlafzimmer offen gelassen habe", freut sich Papi und holt eine kleine Leiter. Ich kann mich nicht darüber freuen, denn besagtes Schlafzimmer ist im ersten Stock.

Papi ist Weltmeister im Improvisieren. Das muss man ihm wirklich lassen. Was jetzt kommt, ist komplett auf seinem Mist gewachsen, und ich habe noch nicht mal ein Photo davon. Papi stellt die Leiter unter das Schlafzimmerfenster und sieht, dass die Leiter um Längen nicht reicht.

Hier muss ich die Geschichte kurz anhalten. Es ist nämlich so: Wir haben die letzten Tage an einer Drainage rund ums Haus gearbeitet, damit das Regenwasser besser ablaufen kann. Die Drainage ist aber noch nicht fertig. Heißt im Klartext: Ums Haus herum verläuft ein Graben, den wir ausgehoben haben, der etwa anderthalb Meter tief und einen Meter breit ist. Schlussfolgerung: Die Leiter steht weit ab von der Hauswand und verliert dadurch zusätzlich an Höhe.

„Hmmm", macht Papi, immer noch wild

entschlossen, das Haus zu entern. Inzwischen ist es stockdunkel. Das Café gegenüber füllt sich langsam. Viele Männer kommen dort abends hin, um Tee zu trinken und zu spielen. „Fass mal mit an", fordert Papi mich auf und deutet auf den großen Grilltisch, der im Garten steht. Oh bitte, lass das jemand anders machen, bete ich inzwischen, denn mir ist längst klar, wie diese Geschichte weitergeht. Mechanisch fasse ich mit an. Papi stellt den Tisch zurecht und wir heben die Leiter obendrauf. Reicht nicht! Da fehlen noch mindestens 2,5 Meter.

Ich will mich gerade freuen, dass nun doch ein Fachmann kommen muss, da stapft Papi auch schon rüber ins Café und kommt mit zwei Männern und einem Stuhl zurück.

Der Rest ist schnell erzählt.

Unten der Tisch, darauf der Stuhl, darauf die Leiter. Fehlt immer noch einiges, aber inzwischen fehlt Papi auch die Geduld. „So, mein Mädchen", ermuntert er mich, und ich begebe mich auf den Mount Everest der Schwarzmeerküste.

Als ich den Stuhl verlasse, um auf die Leiter zu wechseln, schaue ich noch einmal runter. Zwei Männer aus dem Café halten den Grilltisch fest. Der Drainage-Graben wirkt von hier oben wie ein Schwarzes Loch. Unter mir ist auch Papi, hält Stuhl und Leiter fest und schaut zu mir rauf. Da steht der Papi, der heute

Mittag unterm Auto lag, der hätte tot sein können und mit seiner schlimmen Schulter nun für meine Sicherheit sorgt. Ich atme noch einmal tief durch und steige die Leiter hoch. Diese endet gut anderthalb Meter unterm Fenstersims. „Nun spring schon rein!", ruft Papi mir ungeduldig zu. Ich springe und kralle mich am Fenster fest, ziehe mich hoch und lasse mich kopfüber ins Schlafzimmer fallen. Ich könnte vor Erleichterung platzen!

Wir sind dann tatsächlich am nächsten Tag losgefahren. Und die Männer vom Café drüben grüßen mich jetzt sehr respektvoll.

Nero

Während unserer zwei Jahre in Berlin war ich ehrenamtlich in einer Katzenstation am Stadtrand tätig. Ich selbst hatte ja schon Pica und Nike und freute mich, auch für andere Tiere, denen es nicht so gut ging wie meinen, zeitweilig da zu sein.

Natürlich überlegt man oft während des Dienstes, welche Katze wohl zu einem passen würde und ob man sich überhaupt noch ein weiteres Tier nach Hause holt. Solche Gedanken sind völlig normal. Andererseits ist einem auch bewusst, dass man nicht alle retten kann. Mir fällt das nicht immer leicht, da ich Tiere über alles liebe.

Eines Tages entdeckte ich in der Station einen Neuzugang. Er saß isoliert in einem kleinen dunklen Raum, denn da er neu war, durfte er noch nicht ins große Gehege. Bevor ich ihn überhaupt entdeckt hatte, war er schon zu hören.

„Maaaauuuu!" „Maaaaauuu!", jaulte es mir entgegen. Ich suchte völlig erschrocken nach der Quelle des Trübsals und fand einen großen roten Kater in besagter Quarantäne. Er tat mir leid, denn es war mehr als deutlich, dass er raus wollte. Um es kurz zu machen: Kaum eine Woche später war er bei uns zu Hause. Wir tauften ihn Nero und hofften, die richtige Entscheidung getroffen zu haben.

Nero fügte sich sofort ein. Er war gutmütig, schmusig und überstand auch den Umzug nach Schleswig-Holstein ohne Probleme. Das Einzige, was Nero ausmachte, war, dass er bestimmte Ecken „markierte". Direkt nach unserem Umzug war es besonders schlimm: Nero kreierte diverse Teiche in verschiedenen Zimmern und uns blieb nur zu hoffen, dass sich das mit der Zeit legen würde.

Sommer 2012.
Etwa einen Monat nach dem Umzug flog ich nach Aserbaidschan. Mein Mann brachte mich nachts mit dem Auto zum Flughafen Hamburg. Ich hatte nur eine Reisetasche und einen Rucksack dabei.

Während der Fahrt fand ich, dass es im Auto müffelte. Mir kam der Geruch irgendwie bekannt vor … und dann hatte ich es! Ich nahm den Rucksack an die Nase, roch daran und sagte mit einem tiefen Seufzer zu meinem Mann: „Nero! Oh, dieses Mistvieh!"

Noch am Flughafen Hamburg versuchte ich in den Waschräumen den penetranten Geruch von

Neros Urin aus dem Rucksack zu waschen. Er stank weiter. Zwischenlandung in Istanbul. Ich hetzte sofort zu den Waschräumen und schrubbte den Rucksack. Durch die jetzt höhere Temperatur stank er noch viel mehr! Am Flughafen Tiflis kippte ich Flüssigseife über den Rucksack und wusch sie nicht aus, in der Hoffnung, dass der Seifengeruch stärker wäre. War er aber nicht. Inzwischen hatten wir 38 Grad und ich trug Neros Duftmarke wie eine Fahne vor mir her. Eine georgische Freundin wusch den Rucksack zusätzlich mit Essig aus, bevor ich meine Reise am nächsten Tag fortsetzte.

In Aserbaidschan roch der Rucksack dann nach Seife und jede Menge Essig. Und er roch nach Nero, der über fünf Flugstunden von mir entfernt war.

Ich grinste und vermisste ihn, meinen süßen Stinker!

Schichtwechsel

Papi und ich sitzen mal wieder zusammen im Zug von Batum nach Tiflis und da die Fahrt sieben Stunden dauert, reden wir über viele verschiedene Themen. An irgendeinem Punkt erzähle ich Papi, dass nicht nur die Kontinente auseinanderdriften, sondern auch der Mond sich immer weiter von der Erde entfernt und irgendwann seine Umlaufbahn ganz verlässt.

Papi, der nur halb zugehört hat, meint daraufhin ziemlich zerstreut: „Das passt so gar nicht zu ihm. Naja, vielleicht kriegen wir dann einen Anderen."

Der Nikolauskater

Anfang Dezember 2012 gab es überraschenderweise mehr als reichlich Schnee in Nordfriesland. Man schaufelte morgens und abends um die Wette, um Gehwege frei zu halten und ärgerte sich darüber, dass das eigene Auto sich nur unter starkem Protest aus der Parklücke quälte.

In solchen Situationen denke ich auch oft an die Haustiere, die draußen übernachten müssen, weil sie kein Zuhause mehr haben, und es stimmt mich traurig. Wie lange können sie ohne Futter überleben? Gibt es Menschen, die sie durch den Winter bringen? Und was wird aus den vielen armen Kreaturen, die nach Weihnachten wieder ausgesetzt werden? Wenn sie „Glück" haben, kommen sie direkt ins Tierheim. Wenn nicht, findet man sie an Straßenrändern angebunden, in Kartons, in Abfallbehältern oder streunend, nicht verstehend, warum die Menschen, die sie doch kurz vorher zu sich heimholten, so etwas machen.

Mein Mann und ich hatten vor drei Wochen hier einen Bioladen eröffnet und beschäftigten an manchen Tagen, wenn mein Mann keine Zeit hatte, eine befreundete Aushilfe, unsere

Janine.

Der 6. Dezember, ein Samstag, war für mich und Janine ein ganz normaler Arbeitstag. In unserem Laden gab es – aufgrund des vielen Schnees – nur wenig zu tun. Wir nutzten die ruhige Zeit zum Putzen und Klönen oder guckten in die weißen Schneemassen auf unserer Straße.

„Da schreit irgendwo ein Kind", sagte ich gelangweilt zu Janine, die mich daraufhin fragend ansah. Wir lauschten angestrengt. Wieder herzzerreißendes Geheul. „Das ist kein Kind", sagte Janine bestimmt und diesmal war ich es, die sie fragend ansah. „Was denn sonst?", wollte ich gerade ansetzen, als Janine schon die Ladentür aufriss. An ihr vorbei schoss ein kleines rotes Knäuel und lief verwirrt durch den Laden. Ich sprang von meinem Stuhl auf, griff das Knäuel und legte es an meine Schulter. „Der ist ja süß", rief Janine und bevor ich vernünftig nachdachte, brachte ich den roten Kater schnell nach hinten in ein kleines Zimmer. Ich besorgte von oben aus der Wohnung Futter, Wasser und Katzenstreu, stellte ihm alles hin und kam wieder nach vorne in den Laden.
„Oh Mann, was mache ich denn nun?", fragte ich Janine, denn ich hatte ja schon drei Katzen.

Den Rest des Tages war nicht mehr viel los und nachdem Janine heimgegangen war, nahm ich den Kater mit nach oben. Erst mal in mein Arbeitszimmer, damit die anderen Katzen ihn nicht gleich angiften konnten.

Als mein Mann nach Hause kam, zeigte ich ihm das Fundstück. Wir beschlossen, ihn am kommenden Montag zum Tierarzt zu bringen, denn er könnte einen Chip haben und müsste dann seinem Besitzer zugeführt werden.

Wir tauften ihn erst mal Titus und ließen ihn am gleichen Abend auch schon aus meinem Zimmer heraus. Nun, das stimmt so nicht ganz. Er ließ sich selbst hinaus. Mit anderen Worten: Er entwischte mir und war fortan ein Teil des felinen Zoos, als ob er schon immer da gewesen wäre.

Die erste Nacht schlief er bei mir unter der Bettdecke und am nächsten Morgen ließ er sich kraulender Weise wecken. Als ich das Dachfenster zum Lüften öffnete, vergewisserte ich mich, dass keine Katze mehr im Schlafzimmer war, schloss die Tür und widmete mich mit meinem Mann einem ausgiebigen Sonntagsfrühstück.

Kurz bevor wir zum Flohmarkt nach Husum

aufbrechen wollten, gab ich meinen Tieren noch etwas Futter. Sobald ich die Futterdose schüttelte, kamen sie aus allen Ecken angerannt. Alle drei. Das übliche Bild. Aber halt, da fehlt doch einer. Titus! Er wird doch nicht etwa …? Ich stürzte nach oben ins Schlafzimmer, riss die Tür auf, schloss das Dachfenster und rief erst energisch, dann ziemlich verzweifelt nach ihm. Was ist, wenn er doch noch oben im Schlafzimmer gewesen war? Man kann sich dort nicht großartig verstecken, und das offene Fenster war ja die perfekte Einladung, nach draußen zu springen. Ich war den Tränen nahe, wusste mir aber keinen Rat, und wir fuhren erst mal nach Husum. Kaum waren wir zurück, suchten wir noch mal jeden Winkel unseres Hauses ab. Titus blieb verschwunden.

Während mein Mann sich oben im Schlafzimmer umzog, machte ich mir unten schwere Vorwürfe wegen des offenen Fensters, denn der Schnee lag so hoch und es war so bitterkalt und Titus war noch sehr klein und ich würde ihn bestimmt nie wieder sehen. Ich heulte und heulte, bis ich plötzlich die entfernte Stimme meines Mannes im Obergeschoss vernahm: „Kater … Kater … da bist du ja." Ich glaubte zu halluzinieren, doch da kam mein Mann schon herunter und bemerkte mit seiner ruhigen Stimme: „Der Kater ist wieder da." Ich heulte noch mehr, ging hinauf und tatsächlich: Da lag Titus, unter unser Bett gequetscht und bewegte sich nicht.

Wir holten ihn vorsichtig heraus. Ich trug ihn den Rest des Tages selig auf meiner Schulter herum. Wir ließen ihn impfen, entflohen und chippen. Niemand vermisste ihn. Er blieb.

Heute ist Titus ein riesengroßes Tier, das nur so vor Kraft strotzt und voller Selbstbewusstsein durchs Haus stolziert.

Doch wenn ich ihn, wie damals, am Nikolaustag, an meine Schulter lege, dann wird er wieder zu dem ganz kleinen Knäuel, das an jenem eisigen Tag die richtige Tür ins neue, bessere Leben fand.

Abgefahren

Schon mal mit dem Zug von Istanbul nach Schleswig-Holstein gefahren? Das erfordert einiges an Planung. Mein Mann und ich wollten das unbedingt mal machen, und ich setzte mich sofort daran, die Reise zu planen. Suchte alle möglichen Verbindungen heraus, die Stopps in Sofia, Belgrad, Ljubljana und Venedig enthielten. Denn wir wollten ja zwischendurch auch was sehen!

Sommer 2013. Unser Urlaub am Schwarzen Meer nahm den gewohnten Lauf, und dann kam der Tag der Abreise. Ich hatte vorher schon gehört, dass der Zug in Istanbul nicht wie üblich in Sirkeci starten würde, sondern weiter westlich in Halkali, aufgrund einer aufwendigen Erneuerung der Schienen. Nachdem ich meinem Mann unsere frühere Wohnung in Istanbul (Bahcelievler) gezeigt hatte und wir noch schön zu Abend gegessen hatten, bestellten wir ein Taxi, das uns nach Halkali bringen sollte. Dürfte nicht lang dauern, vielleicht 20 Minuten. Wir hatten noch reichlich Zeit.

Dort angekommen, stellten wir fest, dass es in Halkali keinen Bahnhof mehr gab. Keine

Reisenden, keine Züge, kein gar nichts. Irritiert schauten wir uns an, und Hayret, unser Taxifahrer, hielt andere Autos an und fragte nach dem Bahnhof. Alle zuckten mit den Schultern. Hier sei schon lange kein Betrieb mehr. Dort, wo der Bahnhof hätte sein müssen, stiegen wir erst mal alle aus. Es war stockdunkel. Hayret lief voraus, Richtung Schienen und rief die ganze Zeit: „Ist hier denn niemand?"

Langsam wurde mir mulmig. Wie kommen wir hier weg? Es gab nur zwei Möglichkeiten: Entweder wir fahren zum Flughafen und hoffen, dass wir irgendeinen Flug nach Hamburg bekommen und erklären das ganze Abenteuer für gescheitert, oder wir fahren mit dem Taxi weiter zu einem Bahnhof, wo der Zug hoffentlich vorbeifahren würde. Wir taten Letzteres.

Jetzt waren wir alle richtig im Stress! Hayret drückte das Gaspedal runter, Richtung Edirne und ich versuchte gleichzeitig mit irgendwelchen Bahnbediensteten zu telefonieren, um herauszufinden, ob wir noch auf den Zug treffen würden. Und wo. Angeblich hält der Zug, der wohl doch in Sirkeci abgefahren war, noch einmal in Cerkezköy, bevor er über die bulgarische Grenze fuhr. Hayret gab noch mehr Gas und wir hielten die Luft an. Ich rechnete mir aus, dass es klappen musste, denn ein Nachtzug hält meistens länger an den Bahnhöfen, und wir fuhren ja schon mit Überschall.

Nach knapp einer Stunde waren wir in Cerkezköy. Völlig erschöpft aber immens erleichtert, denn dort stand unser Zug und hatte noch 40 Minuten Pause, bevor er weiterfuhr. Wir bedankten uns sehr herzlich bei Hayret, der diese Mordstour mitgemacht hatte und stiegen nach einer Beruhigungszigarette ein. In unserem Schlafabteil hatten wir erst mal einen ordentlichen Lachkrampf. Das ist also der Start in unsere Europa-Reise. Wie sollen wir das jetzt noch toppen?

Glück gehabt

2011. Mein Vater besucht uns das erste Mal in unserem neuen Haus in Berlin. Er hatte einen Nachtflug, ist müde und möchte gleich schlafen.

Ich: „Lass mich dir das Bad zeigen."

Er: „Ich bade jetzt nicht!"

Ich: „Papi, ich muss dir doch dein Handtuch zeigen."

Er: „Na gut, das geht."

Smalltalk

2007. Ich sitze mit Freunden bei mir zu Hause. Wir sind über ein spannendes Brettspiel gebeugt, da klingelt das Telefon. Mein Vater.

„Hallo Papi. Wie geht es dir?"
„Ich bin gerade vom Dach des Hühnerstalls gefallen. Und was machst du so?"

Bis aufs Blut!

Mein Mann und ich beschlossen endlich mal wieder Blutspenden zu gehen. Es ging oft genug nicht, weil entweder einer von uns krank war oder eine neue Tätowierung hatte oder, oder, oder.

Die Gelegenheit war günstig: In unserem Wohnort sollte in der Schule abends Blut fließen. Gleich nachdem wir unseren Laden abgeschlossen hatten, eilten wir hin. Aber wo war die Schule? Am Randgebiet der Stadt war es inzwischen sehr dunkel und wir fanden keinerlei Hinweisschilder. So irrten wir eine Zeitlang herum, fanden aber kurz vor Schluss das richtige Gebäude und beeilten uns, reinzukommen.
Nach den ersten Voruntersuchungen mussten wir die Fragebögen ausfüllen. Und dann kam der dicke Hund: Mein Mann wurde aussortiert, da er als Säugling Blutkonserven bekommen hatte. Lebenslang gesperrt als Spender! Wir sahen uns verblüfft an. Damit hatte keiner gerechnet.

Na gut, dann wenigstens ich! Mit dem ausgefüllten Fragebogen auf dem Schoss wartete ich gespannt auf den Arzt. Er rief mich herein und sah mich mitleidig an: „Sie waren vor fünf Monaten in einem Malariagebiet. Wir können Sie nicht nehmen." Mir blieb die Spucke weg. Aserbaidschan ist ein Malariagebiet? Einen Monat später wäre es gegangen!

Wie zwei geprügelte Hunde verließen wir die Schule.

Ein paar Monate später gab es wieder eine Blutspende-Aktion: Diesmal im Nachbarort. Ich war ja nun gänzlich ohne Malaria, fühlte mich topfit und freute mich, endlich spenden zu können.

Wie ein geprügelter Hund verließ ich die Schule. Magenspiegelung vor fünf Monaten. Gesperrt. Einen Monat später wäre es gegangen!

Ein halbes Jahr später gab es im Krankenhaus Itzehoe das „Wacken Open Air"-Blutspenden. Nichts konnte mich diesmal aufhalten! Es klappte auch, hurra, und mein Mann holte mich dort ab. Wir wussten ja nun, dass er zeitlebens gesperrt war, und daher machte er nur den Chauffeur.

Plötzlich fragte eine der Schwestern, ob er nicht auch spenden wolle, und die Verblüffung war groß als wir erfuhren, dass er es – trotz damaliger Blutkonserven – gekonnt hätte, da hier andere Regeln galten. Fast wollten wir jubeln, da kam das ernüchternde Aus in Form einer offenen Wunde, die er noch am Rücken hatte.

Doch wir gaben nicht auf. Ein Jahr später hat es dann geklappt.

Krömer

Ich weiß nicht mehr, wann ich ihn zum ersten Mal im Fernsehen entdeckte, aber wann auch immer das war, ich war sofort Fan. Fan von Kurt Krömer, einem Berliner Comedian, der einen sehr speziellen Humor hat und sich vor allem dadurch auszeichnet, dass er während seiner Show einzelne Zuschauer herauspickt, um humorig an ihnen herumzunörgeln, wenn nicht sogar komplett - aber sehr witzig - zur Sau zu machen.

Schon damals, als ich das zum ersten Mal sah, dachte ich: Stell dir vor, du sitzt da und wirst plötzlich von ihm angesprochen! Wie reagierst du? Bist du dem überhaupt gewachsen? Egal. Ich gehöre sowieso nie zu den Leuten, denen so etwas passiert. Dachte ich.

3. November 2013: Kurt Krömer spielte eine Show in Kiel. Mein Mann und ich hatten schon seit über einem halben Jahr Karten dafür und freuten uns riesig, ihn einmal live zu sehen. Leider hatten wir nur Plätze oben auf dem Rang, wahrscheinlich weil es günstiger war. Nun ja, zumindest konnte er uns da auf keinen Fall herauspicken und zum Obst machen. Hier oben waren wir sicher!

Krömer war in Hochform und wir amüsierten

uns köstlich. Gleich am Anfang der Show merkte er an, dass die Halle nicht ausverkauft sei und dass die Ecke unten links nur aus gekauften Zuschauern bestünde, damit es voller wirke. Wir schauten runter und mir fiel auf, dass nicht einmal diese erwähnte Ecke voll belegt war. Er ritt zwischendurch immer wieder auf der „Ekel-Ecke", wie er sie nannte, herum und sperrte die dort Sitzenden unter allgemeinem Gelächter mit Flatterband ab.

In der Pause gingen wir raus und kamen zufällig an der Tür vorbei, die zu der nicht voll belegten „Ekel-Ecke" führte. Und plötzlich hatte ich die Idee!

„Warum setzen wir uns nicht einfach hier mit rein? Ich hab von oben gesehen, dass hier noch Plätze frei sind. Hier sehen wir doch viel besser", schlug ich meinem Göttergatten vor.
Mein Mann - überhaupt kein Freund meiner typischen Hauruck-Aktionen - meinte, dass diese Plätze ja viel teurer seien, und fürchtete wohl, dass wir aufflögen und rausflögen.

Ich hörte gar nicht mehr zu und war wie besessen von der Idee, dass wir uns umsetzen. Ich zog meinen Mann durch die Tür und wir saßen erst ganz hinten, um zu sehen, welche Plätze nun wirklich frei waren, um uns dann ganz selbstverständlich dort hin zu setzen.

Als der Gong ertönte, strömten die Leute wieder herein. Dann ging langsam das Licht aus und ich stupste ihn an. Wir setzten uns ganz an den Rand der mittleren Reihe und neben uns waren noch einige Plätze leer. Es hatte hervorragend geklappt und wir freuten uns auf den zweiten Teil der Show.

Kurt Krömer kam heraus, und das Erste, was er sagte, war: „Warum sitzt ihr denn da ganz am Rand? Kommt doch rüber, hier in der Mitte sind noch zwei Plätze frei. Na, wird' s bald!"

Wir waren wie in Trance. Er meinte tatsächlich uns! Ich fasste mich schnell und stieß grinsend meinen Mann an: „Na, dann hopp!" Er stand auf und ging los. Ich wollte ihm schnell folgen, doch dann hing meine Handtasche fest. Der Schultergurt klemmte in der Armlehne! Ich zog verzweifelt. Es war dunkel. Ich konnte nicht erkennen, wo das Problem lag. Die Tasche löste sich einfach nicht. Das war natürlich eine Steilvorlage für Kurt Krömer: „Soll ick euch 'n Taxi schicken oder wat ... da biet ick dit schon an!"

Gefühlte Stunden später bekam ich die Tasche frei und wir setzten uns auf die zugewiesenen

Plätze, die jedoch die teuersten waren. Das wusste auch Kurt Krömer.

„Natürlich entsteht nun eine finanzielle Differenz … ", witzelte er weiter. Wir grinsten verschämt und waren innerlich am Jubeln. Nicht nur, dass es traumhaft war, Krömer zu sehen, nein, auch noch von ihm in die Show integriert zu werden, war eine Ehre! Die Autogramme und Photos mit ihm hinterher konnten das keinesfalls überbieten, aber zumindest perfekt abrunden.

Strenge Diät

Oktober 2015. Mein Vater und ich wohnten einer Hochzeit in Baku (Aserbaidschan) bei, die es wirklich in sich hatte. Ein pompöser Palast, 400 geladene Gäste, Live-Musik, zahlreiche Photographen und Filmer, nebst einer Drohne, die das ganze auch noch aus der Luft aufnahm. Es war ein Fest der Superlative!

Papi saß links von mir und wir warteten auf die Verteilung der Speisen. Nicht dass es nötig gewesen wäre, noch Speisen zu verteilen. Eigentlich stand der ganze Tisch voller köstlicher Leckereien, dennoch gingen zahlreiche Kellner von Tisch zu Tisch, um immer wieder Getränke aufzufüllen und weitere Gaumenkitzler zu kredenzen.

Papi probierte zunächst das Brot, das direkt vor ihm lag. Ich nahm mir auch ein kleines Stück. Nicht zu viel, denn wer weiß, was noch alles kommt. Papi griff inzwischen zu den Nüssen und probierte etwas von dem Kaviar. Ich wartete weiter ab. Dann kamen die Kellner mit diversen Fleischspeisen. Ich entschied mich für ein mageres Stück Pute. Papi konnte sich nicht entscheiden und nahm gleich drei verschiedene Stückchen. Als Beilage nahm ich mir etwas frischen Salat. Papi sah auch nicht den Punkt, der dagegen sprach und nahm mir die Schüssel ab. Dann wurde Fisch aufgefahren. Ich bin nicht so der Fischesser und winkte dankend ab. Papi hingegen ist ein großer Fischfan und ließ sich einiges auf den Teller tun. Später gab es dann noch Backkartoffel, mit der ich mich schon ziemlich quälte. Papi nahm sich eine Kartoffel und als er sah, dass ich meine nicht schaffte, nahm er sie mir freundlicherweise ab.

Langsam fragte ich mich, wie sich Papi wohl morgen früh fühlen würde. Wodka gab es auch reichlich, aber der war auch dringend nötig, bei der Völlerei.

Gegen Ende der Veranstaltung wurde noch ein Obstteller herumgereicht. So gern ich Obst esse, aber mein Magen hatte auf Feierabend umgeschaltet. Papi hingegen fackelte nicht lang und hatte kurz darauf Apfel, Birne und Weintrauben vor sich liegen.

Ganz zum Schluss bekamen wir sogar noch eine kleine Süßigkeit. Mein Vater war zu dem Zeitpunkt nicht an seinem Platz gewesen. Als er kurz darauf wiederkam, legte ich ihm die kleine Praline auf seinen Teller.

Er überlegte eine Weile und meinte dann kopfschüttelnd zu mir:

„Neee, das geht nicht. Das bringt doch alles durcheinander!"

Am nächsten Morgen hatten wir beide Magendrücken. Papi denkt, es war der Wodka!

.

Papi über Reichtum

„Was nützt einem das teuerste Auto, wenn man nicht mal mehr Treppen steigen kann? Einige meiner gleichaltrigen Freunde kommen nur schwer in ihre Luxusschlitten. Schau mich an. Ich bin über 70, hab ein Fahrrad und fahre damit 30 Kilometer in mein Dorf und wieder zurück. So, wer ist nun reich: Die oder ich?"

Fuchs und Löwe

Mein Bruder Issam saß eines Morgens mit Papi am Frühstückstisch. Issam sollte sich eigentlich um seine Bewerbungen kümmern, da er in den letzten Tagen damit nicht wirklich vorangekommen war. Aber er machte sich derzeit keine großen Hoffnungen und ließ es erst mal auf sich beruhen.

Die beiden frühstückten und redeten bis Papi plötzlich sagte: „Der umher streunende Fuchs erreicht mehr als der schlafende Löwe."

Für Issam war das wie ein Startschuss. Er ging noch am selben Tag zur Universität, um sich vorzustellen. Und es hat tatsächlich geklappt: Seitdem ist er dort Dozent.

Der letzte Tag

Lange habe ich überlegt, ob ich diese Geschichte überhaupt aufschreiben soll. Sie ist nicht lustig und hat auch kein Happy-End. Wenn ihr merkt, dass es euch zu viel wird, hört einfach auf zu lesen. Es gibt genügend Tage im Jahr, wo ich es auch so machen würde.

Im Laufe des Jahres 1974 erkrankte meine 32-jährige Mutter an einem Gehirntumor. Sie war lange im Krankenhaus, der Tumor wurde entfernt. Und nach den ganzen Strapazen zogen wir in unsere schöne neue Wohnung im Hamburger Westen. Drei Straßen weiter wohnten meine Großeltern, zu denen wir regen Kontakt pflegten.

Am 22. Dezember waren wir bei meinen Großeltern zum Kaffeetrinken eingeladen. Diesmal leider ohne Papi, denn der war kurz vorher für ein paar Tage in seine Heimat geflogen.

Wie immer wurde zu meiner großen Freude mit Stofftieren herumgealbert und Opa erinnerte uns noch einmal daran, dass er morgen Abend vorbeikommen würde, um unseren Weihnachtsbaum aufzustellen.

Am Abend liefen Mami und ich die zehn Minuten zu unserer Wohnung zurück. Bald war es auch Schlafenszeit für mich, schließlich war ich erst fünf. Mami sagte, sie würde sich auch bald hinlegen, denn sie hätte Kopfschmerzen.

Am nächsten Morgen, dem 23. Dezember, tat ich das, was ich seit Anfang des Monats immer machte: Meinen Adventskalender öffnen, die Schokolade herauspuhlen und dann rüber zu Mami ins Schlafzimmer rennen, um ihr das Bild im Türchen zu zeigen.

Ich stieg auf ihr Bett und zog sie am Arm. Keine Reaktion. „Mami?", fragte ich und rüttelte noch mal an ihrem Arm. Ich wurde nervös. „Mami, wach auf!", rief ich und zog und rüttelte. Nichts passierte.
Irritiert ging ich in die Küche. Dort lag ein geschmiertes, inzwischen aber trockenes Käsebrot. Hatte sie etwa gestern Abend nichts mehr gegessen? Nun noch mehr irritiert ging ich ins Wohnzimmer und setzte mich dort hin. Es war still. Radio oder Fernsehen anmachen konnte ich noch nicht. Kurz darauf ging ich ins Schlafzimmer zurück. „Mami!", schrie ich und schlug ihr verzweifelt ins Gesicht. Keine Reaktion.
Die Fransen unseres Wohnzimmerteppichs waren ziemlich lose und flusig. Ich fing an, sie wieder ordentlich zusammenzuflechten. Das trockene Käsebrot versuchte ich auch

anzuknabbern, denn ich bekam langsam Hunger. Zwischendurch lief ich immer wieder ins Schlafzimmer, allerdings mit zunehmender Abneigung. Meine Mutter hatte violette Flecken auf den Armen und der Geruch behagte mir auch nicht. Das war irgendwie beängstigend. Und nun wurde es auch schon wieder dunkel.

Am frühen Abend klopfte es an der Wohnungstür. Ich erschrak und machte keinen Mucks. Meine Mutter hatte mir immer wieder eingeschärft, Fremden auf keinen Fall die Tür zu öffnen.

Eine halbe Stunde später hörte ich einen Schlüssel in der Tür. Es war Opa. Er war es auch, der zuvor geklopft hatte, dann umdrehte, um unseren Wohnungsschlüssel zu holen. Er wollte ja den Weihnachtsbaum aufstellen!

Ich freute mich riesig ihn zu sehen. „Opa! Mami wacht nicht auf. Zähne geputzt hab ich schon", begrüßte ich ihn. Opa ging ins Schlafzimmer, kam wieder zurück und sagte ganz ruhig zu mir: „Du wartest hier. Ich komme gleich mit Omi wieder."

Nur kurze Zeit später war Omi da und nahm mich mit in ihr Haus, wo wir gestern noch zu viert so gemütlich Kaffeetrinken waren. Irgendwann später war auch Opa zurück und noch viel später am Abend fuhren wir zu der älteren Schwester meiner Mutter, die im Nachbarort wohnte. Und als meine Tante ins Auto stieg, stellte ich ihr die Frage, die weder Omi noch Opa noch meine Tante jemals wieder vergessen würden:

„Feiern wir jetzt Weihnachten?"

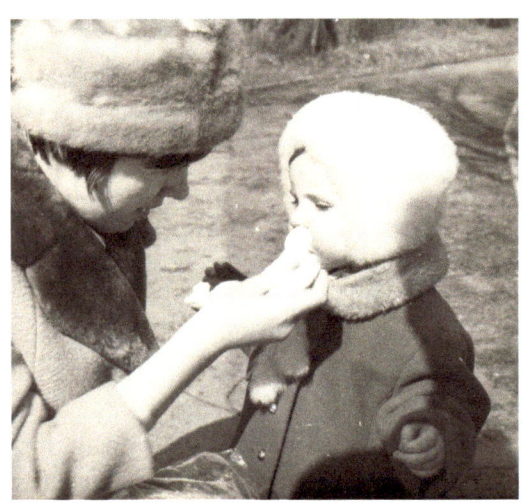

Kleine Lampe, große Wirkung

Seit über 40 Jahren wohnte meine Tante in einer kleinen Wohnung im beschaulichen Hamburger Westen. Wir hatten schon immer einen sehr guten Kontakt, und als ältere Schwester meiner viel zu früh verstorbenen Mutter hatte sie sich in meiner Kindheit sehr einfühlsam für mich Zeit genommen. Sie bastelte, knetete und malte mit mir. Wir bauten UFOs und Geisterbahnen, fuhren Schlitten, turnten auf Spielplätzen und überhaupt hat sie alles mitgemacht, was mir Spaß brachte. Sie selbst ist kinderlos geblieben, konnte aber schon immer gut mit Kindern und ich war sehr gern bei ihr.

Auch später änderte sich das nicht. Wir kneteten zwar nicht mehr, aber trafen uns doch recht regelmäßig. Selbst während meiner Aufenthalte im Ausland hatte ich bei Heimatbesuchen stets Zeit für meine Tante übrig.

Weihnachten 2015. Ich hatte mich bei meiner Tante angemeldet und rückte - bewaffnet mit Schokolade und anderen Dingen aus dem Reformhaus - zeitnah bei ihr an. Wie immer freute sie sich über meinen Besuch, und kaum war ich zur Tür rein, waren wir auch schon am

Schnattern. Sie hatte die Heizung an, es roch nach Äpfeln, die sie vom Markt geholt hatte, und wir saßen gemütlich in ihrem Wohnzimmer, mit Blick auf die geschmückten Tannenbäume der Nachbarschaft.

Natürlich erkundigte ich mich - wie üblich - nach ihrem Gesundheitszustand und ob sie irgendwelche Beschwerden hätte. Nein, beteuerte sie. Alles sei in bester Ordnung. Sie ginge gern und viel spazieren und mache auch täglich ihre Gymnastik.

An dieser Stelle muss ich kurz etwas einschieben:

Ich versuchte seit 2010 das zuständige Amtsgericht auf meine Tante aufmerksam zu machen. Immerhin lebt sie allein und mich beschlich zusehends das Gefühl, dass ihre Vergesslichkeit nicht mehr nur dem Alter zuzuschreiben war, sondern womöglich in den Bereich Demenz fiel. Man zitierte also einen Gutachter in ihre Wohnung, der allerdings keine Anzeichen dafür sah, dass meine Tante dement sei, geschweige denn, nicht mehr alleine leben könne.

Mich hat das Urteil ziemlich enttäuscht. Nichts gegen den Gutachter, aber ich kenne meine Tante seit meiner Geburt. Und die letzten Jahre war ich mir nicht mehr so sicher, ob es gut sei, wenn sie so ganz alleine lebte. Aber ich hatte keine Wahl. Das Amtsgericht machte die Akte zu.

Als ich an jenem Abend meine Tante wieder verlassen wollte, fiel mir auf, dass die Glühlampe im Flur nicht brannte. „Seit wann ist die denn kaputt?", fragte ich. „Das weiß ich nicht mehr so genau. Schon eine ganze Weile", antwortete meine Tante gleichmütig. Ich versprach ihr, Ende nächsten Monats mit einer neuen Glühlampe vorbeizukommen, und wir verabschiedeten uns herzlich.

Ein paar Wochen später stand ich, mit einer neuen Glühlampe in der Hand, bei meiner Tante vor der Tür. Meine Tante war überrascht, mich zu sehen. Das überraschte wiederum mich, denn ich hatte mich (wie immer) telefonisch angekündigt. Sie freute sich jedoch sehr über meinen Besuch und ich schraubte als Allererstes die neue Lampe in die Fassung. Das Flurlicht brannte wieder. Klar, dass ich nicht sofort wieder ging. Ich ließ mich auf einen Stuhl im Wohnzimmer fallen. Als meine Tante ins Zimmer kam, fiel mir auf, dass ihre Strümpfe, die ursprünglich weiß waren, so einen bräunlich verlaufenden Farbton hatten und irgendwie, sagen wir mal, feucht wirkten. Ich stand auf und ging auf meine Tante zu, die sich inzwischen in einen Sessel gesetzt hatte.

Einer bösen Ahnung folgend fragte ich: „Darf ich mal kurz deine Beine sehen?", und bevor meine Tante reagieren konnte, zog ich ihr behutsam die Strümpfe herunter.

Es war gut, dass ich in der Hocke saß. Hätte ich gestanden, wäre ich womöglich lang hingeschlagen. Ich starrte auf zwei offene Beine. Und wenn ich sage offen, dann meine ich offen, und zwar runter bis zum Muskel. Ich guckte auf die blanken Muskel !!

„Was ist *das* denn?", fragte ich meine Tante entsetzt und schob noch ein „Tut das gar nicht weh?" hinterher.

„Och *das* … ", gab meine Tante zurück. „Nööö, das tut nicht weh. Aber wenn ich mal wieder in der Apotheke bin, kann ich mir ja eine Salbe holen."

Salbe??? Ja nee, ist klar. Der Rest des Tages lief mechanisch ab. Ich brachte meine Tante unverzüglich ins Krankenhaus, wo sie in den folgenden drei Wochen mehrfach operiert wurde, inklusive Hauttransplantationen aus den Oberschenkeln.

Ich war während ihres Krankenhausaufenthalts regelmäßig in ihrer Wohnung, um Klamotten und Ähnliches zu holen, und erst dann fiel mir auf, wie es wirklich um sie stand.

Dort wo die Schalen sonst voll mit Obst waren, herrschte gähnende Leere. Ich öffnete den Kühlschrank, doch der gewohnte Blick auf Reformhausware wie Aufstriche, Margarine, Knäckebrot oder Tiefkühlgemüse blieb aus. Es waren fast keine Lebensmittel vorhanden. Und die, die ich sah, waren ranzig oder verschimmelt. Mir leuchtete langsam ein, dass meine Tante seit Wochen nicht mehr einkaufen gewesen sein muss, geschweige denn irgend etwas geputzt hätte. Die schmutzige Wäsche lag verstreut im Schlafzimmer, unter anderem auch jede Menge dieser vollgeeiterten Strümpfe.

Keinem der Nachbarn, die ich später befragte, war irgend etwas aufgefallen. Und ich war ja der einzige Besuch, den sie bekam. Was wäre gewesen, wenn das Flurlicht nicht defekt gewesen wäre und ich erst viel später bei ihr aufgetaucht wäre?

Da ich sowohl von der Wohnung, als auch von den Beinen meiner Tante, Fotos gemacht hatte, erwirkte ich im Nullkommanichts alle Titel, die ich längst vorher schon gebraucht hätte.

Ich bekam ohne Wenn und Aber den Betreuerstatus und meine Tante offiziell ihre Demenz bescheinigt.

In ihre Wohnung kehrte sie nie zurück. Während sie im Krankenhaus lag, schrieb ich sie in einem Heim in meinem Wohnort ein, wo sie direkt danach einzog.

Nun wohnt sie schon seit über einem Jahr dort. Inzwischen sind ihre Beine genesen und sie stapft durch die Gegend wie ein Langstreckenläufer. In dem Heim fühlt sie sich pudelwohl und ist bei allen sehr beliebt.

Da ich nur drei Straßen weiter wohne, sehe ich sie sehr häufig. Dann bringe ich ihr Kekse, Cremes und Zeitschriften mit. Wenn das Wetter schön ist, gehen wir gemeinsam spazieren. In unserem Dorf ist nicht viel Verkehr und man kann herrlich im Grünen entspannen.
Meine Tante freut sich unheimlich über die schöne Gegend und wir genießen zusammen die uns verbleibende Zeit.

Manchmal überlege ich, ob es wohl Mami im Himmel war, die die Glühlampe hat kaputt-gehen lassen, damit ich es rechtzeitig zu ihrer Schwester schaffe.

Wer weiß das schon so genau …

Wenn ich mal nicht weiter weiß

Wenn ich mal nicht weiter weiß,
geh ich in den Garten.
Erfreu mich an den Kräutern dort,
alles andere kann warten.

Wenn ich mal nicht weiter weiß,
geh ich an Mamis Grab.
Wie gut ist es, begreif ich dann,
dass ich mein Leben hab.

Wenn ich mal nicht weiter weiß,
spiel ich mit den Katzen.
Beim Streicheln und beim Schmusen
könnt ich vor Liebe platzen.

Wenn ich mal nicht weiter weiß,
ruf ich Papi an.
Seine Stimme reicht oft schon,
hab ich ihn endlich dran.

Wenn ich mal nicht weiter weiß,
such ich gern das Weite.
Doch das Problem holt mich schnell ein,
und dann in voller Breite.

Wenn ich mal nicht weiter weiß,
brat ich ein Omelett.
Der Duft und auch das Endprodukt
versöhnen mich komplett.

Wenn du mal nicht weiter weißt,
versuch mal solche Sachen.
Das Leben ist letztendlich das,
was wir doch selbst draus machen.

Höflicher Rausschmiss

Papis Tante hatte einmal Gäste zu Besuch und
man saß gemütlich um ein Feuer herum.
Irgendwann war sie müde, wusste aber nicht recht,
wie sie ihren Gästen klar machen sollte, dass es
Zeit zu gehen sei. Das Feuer war inzwischen auch
fast erloschen und so fiel ihr der rettende Satz ein:

„Es tsetskhli daitsinet idzakhis."
(Das Feuer sagt, legt euch schlafen.)

Plattgebügelt

Juli 2016. Ich bin (mal wieder) auf dem Weg nach Aserbaidschan. Papi kommt mit. Wir treffen uns in Istanbul.

Vorgeschichte: Meine Tante hat mir zwei Bügeleisen überlassen, die sie nicht mehr braucht, da sie ins Heim gezogen ist. Eines davon, so überlege ich, könnte ich Papi mitbringen. Der freut sich bestimmt. Papi bügelt nämlich. Und das gar nicht mal so ungern.

Flughafen Hamburg. Ich habe an alles gedacht. Sogar an das Bügeleisen. Kurz vor der Gepäckkontrolle knetet mein Gehirn einen Gedanken durch: Vieles ist im Handgepäck ja verboten. Scheren, Messer, spitze Gegenstände im Allgemeinen. Ich habe nur Handgepäck. Und ich habe ein Bügeleisen. Damit könnte ich locker jemanden erschlagen!
Ich stelle meinen Rucksack auf das Laufband, gehe durch die Kontrolle und greife auf der anderen Seite nach ihm. Da stoppt mich eine Beamtin mit osteuropäischem Akzent. Ob ich den Rucksack mal öffnen könne. Ich öffne ihn und verabschiede mich innerlich von dem Bügeleisen. Die Beamtin nimmt alles raus und

hält dann das Bügeleisen in die Luft. Ich müsse vorher Bescheid sagen, dass ich so etwas mitführe, belehrt sie mich mit großen Augen. Sonst wüsste ja keiner, was das ist. Sie dreht den Bildschirm mit dem Röntgenbild meines Rucksacks zu mir herum: „Sähän Sie sich *das* mal aahn!" Fasziniert schaue ich auf den Bildschirm. Viel undefinierbares Zeugs, und in der Mitte ein großes Dreieck. Könnte ein Bild von Paul Klee sein, denke ich, nicke der Beamtin aber verständnisvoll zu und sage ergriffen: „Das ist ja furchtbar!" Nein, jetzt wo ich das Bügeleisen im Röntgenbild gesehen habe, werde ich es natürlich nicht mehr als Waffe einsetzen. Der Schock sitzt viel zu tief.

Pünktlich lande ich in Istanbul. Auch Papi ist bereits eingetroffen und bis zu unserem Weiterflug nach Gabala essen und quatschen wir gemütlich. Ich betone noch einmal, wie froh ich darüber bin, dass man als türkischer Staatsbürger kein Visum für Aserbaidschan braucht, sondern es – sofern man fliegt – direkt am Flughafen bekommt. Papi stimmt mir zu, dass die Visavergabe stark erleichtert wurde, da man jetzt nur noch ein paar Dollar oder Euro und zwei Passbilder dabei haben muss.

Passbilder? Scheiße!

Jetzt bricht Hektik in mir aus. Ich habe die verdammten Passbilder nicht dabei!! Was jetzt? Ich überlege fieberhaft. Gibt es im Flughafen einen Passbildautomaten? Ich finde keinen. Mittlerweile ist es auch zu spät. Wir müssen ins Flugzeug. Keine Passbilder fürs Visum. Was bin ich für ein Vollidiot. An alles hab ich gedacht. Sogar an das Bügeleisen. Und dann so eine Lappalie. Können die mich zurückschicken? Mitten in der Nacht? Dieser zweistündige Flug wird echt zur Nervenprobe.

3:00 Gabala. Wir sind gelandet und müssen die üblichen Zettel ausfüllen. Doch hier in Gabala wird der Reisepass kopiert. Man braucht also gar keine Passbilder. Ich kann es kaum fassen. Mein Visum prangt stolz in meinem Ausweis. Wir sind fast durch! Die letzte Kontrolle noch, dann geht es ins Hotel. Ich bin so müde. Nur noch einer ist vor mir. Da klingelt mein Handy. Es ist mein Mann, der verzweifelt ins Telefon schreit:

„Der Titus ist entlaufen!!!"

Ich sitze nächsten Morgen um 9 Uhr mit Papi im Frühstücksraum. Papi hat gut geschlafen. Ich auch. Also ab 5 Uhr morgens. Gegen 4:30 kam nämlich die erlösende SMS von meinem Mann, dass Titus wieder da sei.

Im Speiseraum läuft der Fernseher. Das Erste, was ich sehe, ist eine Werbung für Haarshampoo mit Cristiano Ronaldo. Mit anderen Worten: Der normale Wahnsinn hat mich wieder. Ich bin einfach nur dankbar. Und todmüde.

Eine Woche später:
Papi hat das Bügeleisen - ebenfalls als Handgepäck - aus Tiflis nach Istanbul geflogen und seine Kommunikation mit der georgischen Beamtin war wie folgt: „Uto?" „Ho." („Bügeleisen?" „Ja.") Dann war er durch.

Waldspaziergang

Es ist Sonntag, der 7. Mai 2017. Das Wetter, vorher kühl und nass, ist heute fantastisch. Die Sonne scheint und wir haben 18 Grad.

Ich beschließe einen langen Spaziergang durch den Wald zu machen. Ich möchte allein sein. Und tatsächlich ist mir die ganze Zeit über niemand begegnet.

Es ist herrlich still im Wald. Nur meine Schritte höre ich. Diese Einsamkeit. Eine Wohltat. Doch wie so oft, fängt genau dann das Gehirn an zu arbeiten. Erst leise und verworren, dann klar und laut.

Ich: Verdammt, Nero, ich vermisse dich so!

Nero: Hier gibt es kein Vermissen, Mami. Aber ich weiß, was du meinst.

Ich: Nero … haben wir vorgestern alles richtig gemacht?

Nero: Ja, Mami. Wenn ihr mich nicht erlöst hättet, wäre ich sehr kurz danach einen qualvollen Erstickungstod gestorben.

Ich:	Bist du jetzt bei Pica und meiner Mutter?
Picasso:	Ja, ist er. Deine Mutter lässt ausrichten, sie spricht ein anderes Mal mit dir. Sie ist sehr lieb, übrigens.
Ich:	Hey, Dicke … wie sehr ich dich seit elf Monaten vermisse, spürst du bestimmt. Ich fühle mich so schuldig. Mich quälen jeden Tag diese Vorwürfe.
Picasso:	Erstens, Mami, hier gibt es keine offenen Rechnungen. Zweitens, du hättest den Tumor nicht eher bemerken können, da ich ganz normal fraß und mich unauffällig bewegte. Ich hatte auch keine Schmerzen.
Ich:	Trotzdem. Ich bekomme es einfach nicht aus dem Kopf. Ich hätte eher reagieren müssen. Ich hätte ...
Picasso:	Hätte, hätte, Fahrradkette. Hör auf, dich fertig zu machen. Du hast mich zehn Jahre lang geliebt wie niemand anderes auf der Welt. Und ich habe dich geliebt, wie ich niemanden sonst hätte lieben können. Und

	die Liebe bleibt. Auch danach!
Nero:	Wenn ich noch was sagen dürfte ...
Picasso:	Der quatscht hier genau so viel wie schon im irdischen Leben!
Ich:	Ist schon gut, Maus. Was ist denn, Nero?
Nero:	Ich wollte mich noch entschuldigen, für das viele Pinkeln im Flur ...
Picasso:	... und anderen Orten.
Nero:	... und auch für die Löcher im Rasen. Und die Würste, die ich da reingemacht habe.
Picasso:	Hört, hört!
Ich:	Nero, mein Schatz. Ich wünschte, du würdest das immer noch machen. Du fehlst mir so. Wer weiß, wie lange ich noch warten muss, bis ich bei euch sein kann.
Picasso:	Dir wird es vielleicht lang vorkommen. Uns nicht, denn wir sind immer bei dir.
Nero:	Und hier gibt es nur die Ewigkeit.
Ich:	Heißt das, wir werden dort immer und ewig zusammen sein?
Picasso:	Natürlich, Mami.

Ich:	Nero, der Titus ist völlig von der Rolle. Was mach ich bloß mit dem?
Nero:	Als du mich zu Hause aufgebettet hattest, kam er ja und legte sich neben mich. Da hat er gespürt, dass nur noch meine Hülle da ist. Und da er noch an seine eigene Hülle gebunden ist, versteht er die Zusammenhänge nicht. Hab Geduld mit ihm.
Ich:	Das fällt mir echt schwer. Besonders, weil er zu Nike so biestig ist.
Nero:	Das braucht Zeit. Zeit, Geduld und Liebe. Wir haben ein Auge auf euch, versprochen!
Ich:	Und es geht euch wirklich gut dort, wo ihr seid?
Picasso:	So gut wie nie zuvor. Denn wir können jetzt immer und überall bei dir sein.
Ich:	Dicke … wenn meine Zeit gekommen ist, holst du mich dann ab?
Picasso:	Auf einer Skala von eins bis zehn, wie hoch schätzt du die Intelligenz dieser Frage ein?

Ich:	Ich liebe dich, meine Königin.
	Dich natürlich auch, Nero.
Nero und	
Picasso:	Wir lieben dich auch, Mami.
	Ganz ganz doll. Bitte sei nicht
	zu traurig ...

Da hinten kann ich schon mein Haus sehen.

Mein Spaziergang ist zu Ende.

Keine Zeit

Im Urlaub voll Sonne
Das Meer blau und weit
Die Arbeit im Koffer
Keine Zeit, keine Zeit!

Die Frau endlich schwanger
Fast hätt´s ihn gefreut
Doch er kann sich nicht kümmern
Keine Zeit, keine Zeit!

Der Hund an der Ecke
Er tut ihm so leid
Nur ein Schluck Wasser
Keine Zeit, keine Zeit!

Der Streit mit dem Sohn
Man hat sich entzweit
Die Versöhnung wär nötig
Keine Zeit, keine Zeit!

Für Liebe und Frieden
Auch für Glück sei bereit
Denn das Leben ist kurz
Nimm dir Zeit. Nimm. Dir. Zeit.

Lange Leitung

Ich entdecke morgens eine SMS von meinem Vater. Er bittet um Rückruf auf Festnetz. Ich rufe ihn also an. Keiner hebt ab.
Ich schicke eine SMS: „Habe versucht dich anzurufen. Keiner da."
SMS von meinem Vater: „Bin zu Haus. Ruf an."
Ich rufe wieder auf Festnetz an. Keiner hebt ab.
Ich rufe von Handy zu Handy an und sage: „Papi, ich hab zweimal angerufen und keiner geht ran!"

Darauf mein Vater zu mir: „Natürlich nicht. Das Telefon ist kaputt."

Mutterliebe

Meine Großmutter pflegte über ihren Sohn (meinen absoluten Lieblingsonkel), der als Kind sehr ungezogen war, zu sagen:

„Wenn ich statt deiner einen Stein geboren hätte, hätte ich wenigstens etwas sinnvolles gehabt um trockenen Fußes durch den Schlamm zu kommen."

Das stimmt natürlich nicht. Gesagt hat sie eher folgendes:

„Shens natsvlad jobda kva gamechina, talakhian gzaze davdebi pekhs davabijebdi da mshralad gamovidodi."

Fully Cooked!

Der beste Freund meines Mannes weilte mit seiner Frau Anfang Juni 2017 in Schottland. Zu dem Zeitpunkt wütete in ganz Nordeuropa ein Regentief, das dafür sorgte, dass ich seufzend alle paar Tage den Rasen mähte und den Juni – spätestens seit letztem Jahr – nun endgültig für seine Unbeständigkeit verfluchte.

Da auch wir in ein paar Tagen die Reise nach Schottland und England antreten wollten, gab jener Freund uns noch eine gutgemeinte Prophezeiung mit auf den Weg:
„Und nehmt Regenzeug mit. Man kann gar nicht genug Regensachen einpacken!"

Mein Mann und ich schauen schnaufend von Arthur´s Seat, dem Hausberg von Edinburgh, auf die Stadt und die Forth-Mündung herunter. Ich habe nur noch mein Unterhemd an. Den Rest, T-Shirt, Wolljacke und Jeansjacke, habe ich mir um die Taille geknotet. Mein Mann hat einen Sonnenbrand vom Feinsten im Gesicht und im Nacken. Unsere Sonnencreme liegt im Hotel. Wir sind schließlich in Schottland!

Apropos Hotel: Wir haben für zwei Nächte ein kleines Hotel gebucht, in dem der Besitzer als

Erstes, wenn man eincheckt, sein Frühstück anpreist. Nämlich ein „fully cooked" breakfast für 8,50 Pfund, das man - laut ihm - zu dem Preis nirgendwo sonst in ganz Edinburgh bekommt. Natürlich gibt es in der Stadt an fast jeder Ecke ein typisches Inselfrühstück, das für weitaus weniger zu haben ist. Doch der Running Gag ist geboren: Ab jetzt ist alles in unserem Urlaub „fully cooked".

Nach dem anstrengenden Aufstieg, der Pause auf dem Berg und ein paar Schlucken aus einer viel zu kleinen Wasserflasche, die wir uns teilen, steigen wir wieder ab. Zurück in der Stadt trinken wir jeder erst mal mindestens einen Liter Wasser und widmen uns der Altstadt, die wirklich viel zu bieten hat.

„Das konnte ja keiner ahnen ...", brumme ich, als wir am nächsten Tag im Zug nach London sitzen. Eigentlich waren es ja auch nur 24 Grad. Es war der anstrengende Aufstieg, der uns so hat schwitzen lassen, beruhigen wir uns und steigen nach 4,5 Stunden Fahrt in London aus.

Es erwarten uns ca. 33 Grad. Aber wen kümmert das! Wir haben nur noch ein paar U-Bahn-Stationen vor uns. Dann entspannen wir sicherlich in einem gekühlten Hotel und erholen uns ausreichend von den Strapazen.

Wir bekommen das Zimmer im vierten Stock. Es ist das oberste Zimmer und liegt somit im Dachgeschoss. Das Wort „Zimmer" ist hier auch noch einmal zu überdenken. Genauer gesagt, handelt es sich um einen kleinen Verschlag, in den gerade mal ein großes Bett passt, ein kleiner Schrank und ein winziges Badezimmer, in dem sich immer nur maximal einer von uns aufhalten kann.

Nach dem ersten Schock (und mittlerweile 40 Grad Raumtemperatur) entdecke ich einen Ventilator, der sogar läuft. „Wir haben immerhin Air Conditioning ...", beginne ich zaghaft, doch mein Mann schaut mich nur mitleidig an: „Der kühlt aber nicht. Der wälzt nur die heiße Luft um."

Gegen Mitternacht unternehmen wir einen ersten Schlafversuch. Der Ventilator läuft. Mit ohrenbetäubender Lautstärke. Doch wir trauen uns nicht, ihn auszustellen. Der Schweiß läuft uns im Liegen vom Körper herunter. Die Bettdecke hatten wir von vornherein aus dem Bezug gezogen und uns nur mit dem Bezug zugedeckt.

Nach einer halben Stunde nehme ich die

Bettdecke und lege sie auf den Boden. Mich selbst lege ich drauf, in der Hoffnung, dass es am Boden kühler ist. Über mir dröhnt der Ventilator. Mein Mann wälzt sich im Bett hin und her.

Gegen 3 Uhr reicht es mir. Ich gehe in meinem völlig verschwitzten Trägerhemd runter zur Rezeption. Dort ist es herrlich kühl, denn die haben Air Conditioning! Der Nachtportier sieht mich an, als sei ich ein Gespenst, das auf ihn zuschwebt. „Wir können nicht mehr ...", krächze ich und schildere verzweifelt unsere Situation. Ob sie nicht ein anderes Zimmer hätten, immerhin haben wir vier Nächte gebucht und da oben bleiben wir auf keinen Fall, beende ich übermüdet meinen Vortrag. Er nickt verständnisvoll und sagt, ich solle gegen 8 Uhr noch einmal herunterkommen. Dann sei die Hotelchefin da und man würde schauen, was man für uns tun kann.

Wieder im Dachgeschoss, bringe ich meinen Mann auf den neuesten Stand. Inzwischen ist es halb 4. Mein Mann wischt sich zum gefühlt hundertsten Mal mit einem Handtuch den Schweiß ab. „Da draußen piept auch schon irgendein Vogel", stöhnt er gequält. „Oh", grinse ich, „der piept schon länger." „Na, dann ist ja gut, dass der Ventilator den übertönt",

stellt mein Mann fest, worauf ich - auch vor Erschöpfung und Müdigkeit - einen Lachkrampf bekomme. „Gut, dass du die Wollmütze mit hast", quieke ich, worauf auch mein Mann einen Lachanfall bekommt. Ich erzähle, wie ich zu Hause beim Packen der Klamotten lange überlegt hatte, ob es nicht doch besser wäre, die Winterjacke mitzunehmen, mich dann aber *ganz mutig* nur für die Jeansjacke entschieden habe, die ich bislang noch kein einziges Mal anhatte. Wir kullern vor Lachen im Bett herum, bei dem Gedanken, was wir alles an warmen Sachen mithaben. Immerhin hatte ja der beste Freund meines Mannes gesagt, dass man nicht genug Regensachen mitnehmen kann!
Als ich dann noch erwähne, dass wir spätestens jetzt „fully cooked" seien, verlieren wir unsere Fassung endgültig.

Am nächsten Morgen ziehen wir um. In ein Zimmer im Erdgeschoss. Es ist riesengroß. Zumindest kommt es uns vor wie ein Palast. In den Nachrichten wird erzählt, dass man es mit den heißesten Tagen in London seit 1976 zu tun hat.

Ist uns egal. Mein Mann feuert seine Wollmütze in den Schrank und dann brechen wir auf in die Stadt!

Saures Ende

2014. Papi und ich fahren in sein Dorf und schlendern durch seinen Obstgarten. Dort steht unter anderem ein kleiner Zitronenbaum, an dem eine einzelne Zitrone hängt.

Papi ist mächtig stolz auf diese Zitrone und überreicht sie mir feierlich mit den Worten: „Das ist geschmacklich die beste Zitrone, die man sich denken kann. Ein Traum von Zitrone. Weißt du was, ich schenke sie dir! Du wirst begeistert sein. So einen Geschmack musst du lange suchen!"

Ich nicke artig, stecke sie ein und wir fahren kurz darauf zurück zu unserer Strandvilla. Papi hat plötzlich Appetit auf Fisch bekommen und hält beim Fischhändler. Zu Hause angekommen, stellt er fest, dass ihm was fehlt.

„Ich will Fisch machen … aber ich hab keine Zitrone … hmm … Fisch ohne Zitrone geht nicht … hmm … du gibst mir doch deine?"

Flughäfen

Flughafen Kopenhagen, kurz nach dem 9/11-
Anschlag in den USA.
„Sie waren gerade in der Türkei?"
„Ja."
„Sie wollen nach Irland?"
„Äh … ja."
„Sie sind in Hamburg geboren?"
„Ja."
„Ihr Name ist nicht Deutsch. Woher kommen
Sie?"
„Das ist ´ne lange Geschichte …"
„Kommen Sie bitte mit."

Flughafen Vancouver, Immigration Office.
„Wie lange wollen Sie in Kanada bleiben?"
„Weiß ich jetzt noch nicht."
„Kommen Sie bitte mit."

Dublin, Ankunftshalle.
„Anything to declare?"
(Ich, mit irischem Akzent): „Noo, nuthin."
(Beamter lächelt): „Welcome home!"

Flughafen Hamburg, Abflugschalter.
„Wo wollen Sie hin?"
„Istanbul."
„Haben Sie eine Aufenthaltserlaubnis für
Deutschland?"
„Nein. Brauche ich die für Istanbul?"
(genervt) „Wie sind Sie nach Deutschland
eingereist?"
(Ich zücke den deutschen Reisepass): „Indem
ich nicht eingereist bin."
(noch genervter) „Sagen Sie doch gleich, dass
Sie die doppelte Staatsbürgerschaft haben!"
„Tschuldigung."

Istanbul, Abflugschalter.
„Wie sind Sie in die Türkei gekommen? In
Ihrem Reisepass ist kein Stempel."
„Mit meinem anderen Ausweis."
(Ich lege ihn vor)
„Warum?"
„So brauche ich kein Visum für
Aserbaidschan."
„Sie kommen aus Aserbaidschan?"
„Ja."
„Sie haben die doppelte Staatsbürgerschaft?"
„Ja."
„Moment. Warten Sie hier."

Flughafen Istanbul, Ankunftshalle. In meinem Koffer befindet sich hochempfindliches (und teures) elektronisches Gerät für eine große Segeljacht.
„Haben Sie etwas zu verzollen?"
„Nein."
„Öffnen Sie bitte Ihren Koffer."
(Ich öffne. Und schwitze. Beamter fängt an alles zu durchwühlen.)
„Was ist das?" (hält Müsli-Packung hoch)
„Das ist Müsli! Extrem gesund. Viele Vitamine, kräftigt die Abwehr, sollte man möglichst jeden …"
„Ist ja gut. Gehen Sie!"

Frankfurt, Abflughalle. Mein Rucksack wird gescannt. Ich gucke auf den Monitor und bekomme einen Lachkrampf.
„Was ist so komisch?"
„Die Banane sieht lustig aus auf dem Bildschirm."
„Gehen Sie weiter!"

Istanbul, Abflughalle. Ein Mann hinter mir
sieht, dass ich einen deutschen Pass habe. Er
zeigt auf einen anderen Mann neben ihn.
„Wenn du meinen Freund heiratest, gebe ich
dir 2.000 Mark."
„Wie bitte?"
„3.000 ?"

(Kein Flughafen – ich weiß – aber trotzdem:)
Grenzübergang Aserbaidschan-Georgien.
Beamter: „Ihr wollt nach Georgien?"
Papi und ich: „Ja."
(Beamter fragt Papi): „Wie alt sind Sie?"
Papi: „22!" (alle lachen)
Beamter, amüsiert: „Von wo stammt ihr?"
Ich: „Vom Schwarzen Meer."
Beamter (zwinkert): „Dann bringt aber
nächstes Mal Haselnusscreme mit!"

Sprachtemperatur

November 2013. Papi ist zu Besuch bei uns in Deutschland. Eines Abends mache ich uns eine große Kanne Tee und stelle ihm einen Becher hin, der mit dem georgischen Alphabet verziert ist. Papi gießt sich den heißen Tee in den Becher. Spaßig gelaunt frage ich ihn, auf die Buchstaben deutend: „Na, kannst du die lesen?"
Mein Vater hält den dampfenden Becher hoch, guckt kurz drauf und sagt dann todernst:

„Nein! Die sind zu heiß!"

Wer ist da?

Mein Handy klingelt. Ich sehe im Display die Nummer meines Vaters und gehe ran:

Ich:	„Hallo, Papi."
Papi:	„Wer ist da?"
Ich:	„Ich bin´s."
Papi:	„Wer?"
Ich:	„Ich! Du hast mich doch grade angerufen."
Papi:	„Ach, du bist es?"
Ich:	„Ja, Papi. Ich bin´s. Deine Tochter. Du hast mich doch angerufen."
Papi:	„Teufel noch eins, wo kommst du denn jetzt her?"
Ich:	„Hast du mich nicht angerufen?"
Papi:	„Ich wollte meinen Anwalt sprechen!"

An unsere Väter

Ich frage nicht wo du bist
Ich fühle dich die ganze Zeit.
Du willst mir erklären
was ich längst verstanden habe.

Wer macht dir die Vorwürfe.
Ich, alle anderen, oder nur du dir selbst.

Wie kannst du mir egal sein
wenn ich dich so vermisse, Vater.

Woran ich mich in 20 Jahren
noch erinnern werde
ist
ob du mir deine Liebe zeigen konntest.
Und nicht
wie viele Stunden du bei mir warst.

Sehnsucht lässt keinen Platz für Ablehnung,
Vater.

Wusstest du denn nicht
dass mich mein Verlangen
nach deiner Nähe
noch stärker an dich bindet.

Ich sehe die Zeit, die wir *haben*
nicht die, die uns *fehlt*
und ich fülle sie mit Leben.

Füll du sie mit Liebe, Vater.

Nachtzug

Mein Vater und ich reisen im Nachtzug von Batum nach Tiflis. Wir legen uns zum Schlafen hin. Der Zug ist nicht gerade leise und im Nachbarwagon läuft Radiomusik.

Papi: Kannst du denn bei dem Lärm schlafen?
Ich: Klar. Ich hab doch meine *Ohrenproppen* drin. Damit höre ich absolut nichts.
Papi: Kann sein, dass ich schnarche.
Ich: Macht nix. Ich habe, wie gesagt, meine *Ohrenproppen* drin.
Papi: Falls ich schnarche, sag Bescheid. Dann drehe ich mich auf die andere Seite.
Ich: Papi! Ich habe meine *Ohrenproppen* drin!

Drei Stunden später. Mein Vater geht auf die Toilette. Ich wache auf und sehe nur sein leeres Bett. Kurz darauf kommt er zurück.

Ich: Papi, ich hab mich ganz schön erschrocken, als ich dein leeres Bett sah.
Papi: Hast du mich nicht rausgehen hören?
Ich: Papi, ich habe meine *Ohrenproppen* drin!!!

Papi: Hab ich eigentlich geschnarcht?

Die Autorin

Bali Kiknadze wurde 1969 in Hamburg geboren. Ihre Kindheit verbrachte sie im Hamburger Westen, zog in den 80ern jedoch zu ihrem Vater nach Istanbul. Anfang der 90er studierte sie in Dublin Marketing, Sprachen und Außenhandel. Sie hat als Marketing-Beraterin, Übersetzerin, Dolmetscherin und Sprachlehrerin gearbeitet, ist seit vielen Jahren Freiberuflerin und begleitet ihren Vater öfters durch den Kaukasus. Die engagierte Tierschützerin lebt mit ihrem Mann und mehreren Katzen in ihrem Lieblingsbundesland Schleswig-Holstein.